本书受 国家社会科学基金重大招标项目（10zd&034） 资助出版
广东省自然科学基金项目（2014A030310429）

A Study on the Management Mechanism
of the RMB Exchange Rate
Timing the Control and Adjustment
of Exchange Rate from the Perspective of Risk Premium

人民币汇率管理机制研究

—— 风险溢价视角下的汇率调控时机选择

◎ 陈　雪　金雪军　著

ZHEJIANG UNIVERSITY PRESS
浙江大学出版社

前　言

当前,我国金融改革的一个重要步骤是推进人民币资本项目下的可兑换与汇率的市场化。最终目标是以我国当前的经济实力,特别是以贸易和制造业在国际经济中的地位为基础,将人民币发展成具有货币全功能的币种,且在全球储备货币体系和大宗商品交易体系中成为举足轻重的货币。为此上海自贸区、深圳等一系列试点区域对扩大人民币资本项目下的可兑换正在积极地探索中。人民币要想成为一个具有国际货币地位和投资功能的币种,推进汇率市场化改革推进是十分积极必要的。

人民币汇率形成机制的改革,坚持有管理的浮动汇率制度,所指的"浮动"就是指汇率按照供给和需求来实现双向波动。然而,这并不是一个一蹴而就的过程,过快地实现汇率市场化,隐藏着巨大的系统性风险。而恐惧浮动,过于强调汇率稳定,把汇率从调控经济的工具变成目标,也违背改革的主旨。对于稳定币值的预期而诱发国际资本的流入,其带有其明显的套利偏向,而国际资本突然逆转时,货币危机就随之产生,这对于一个像我国这样的发展中经济体将影响很大的。有管理的浮动汇率制度,就是在对汇率按照市场供需进行双向波动的改革中,坚持主动性、渐进性、可控性。人民币国际化与汇率市场化的进程必须谨慎,其措施要选择适当的时机。

当前对于这种选择时机的研究讨论并不多,特别是在世界经济尚在"次贷"危机的后危机时代,新兴市场与发达国家的经济运行冷暖交替。2007年始于美国爆发的"次贷"危机,为全球经济带来巨大冲击,2008年9月之后,以美国为代表的量化宽松政策降低了全球资金的避险情绪,推高了全球流动性水平,致使跨境资本大幅流入新兴市场;而2010年"欧债"危机等风险事件的爆发,全球资金的避险需求增强,纷纷从新兴市场撤出转向美元等避险资产。但在此之后,欧美发达国家的经济出现了复苏迹象,新兴市场经济却面临出口大幅萎缩、投资和消费需求疲软等问题,经济增速持续放缓,加剧了新兴市场资本的大量外流。国际流动资本受货币市场投资收益驱动在新兴市场国家的流入流出,可以看成是风险事件诱发的资本跨境流动。资本的趋利性受到风险偏好的影响。只有在认识了这种风险偏好对汇率波动影响的规律后,才能进一步思考人民币汇率改革如何为稳定币值提供制度化的指引,才能引导国际投资趋向于长期化,利于外汇市场的稳定发展。

基于以上原因,本书从风险溢价的视角探讨汇率调控的时机选择,即对当前汇率形成机制改革推进节奏进行了探讨,也对实现有管理的浮动汇率制度中的"管理",如何把握调控时间进行了诠释。将风险溢价这一反映资金在货币市场逐利性特征的因素纳入到汇率管理及调整时机选择的问题分析中来,是本书的一大创新。

本书对汇率政策调整及风险溢价的相关研究进行了综述,发现虽然已有文献从汇率平价及资本市场波动的角度考察汇率政策调整,突破了以前大量研究仅从均衡视角对汇率币值调整讨论的局限,但是从风险溢价视角切入对汇率政策调整时序的研究却并不多;考察了人民币相对于美元风险溢价的波动是否具有区制转换效应,探讨了在不同区制状态下的宏观因素是否存在差异,这为从预期与货币政策相协调下的汇率调控时机选择提供了事实基础;在汇率的水平调控上,从影响预期形成的机制出发,发现汇率风险溢价、风险因素和美元指数是国内外市场对人民币汇率预期差拐点出现的诱因,同时汇率调控的影响还会使得偏离套利均衡的溢价存在一定的持续性。汇率水平调整必须综合考虑预期的变化,做到择时而动。而对如何将汇率的市场化波动与货币政策协调搭配的讨论,突破了对蒙代尔-弗莱明的"不可能三角"的选择约束,为优化货币政策的调整时机以及如何与汇率政策相协调提供了依据,也为货币政策实施的有效性创造了空间,这都是符合我国现阶段汇率管理现实背景的积极讨论。

当然,汇率市场化改革,是通过市场手段对资金资源的有效配置,是建设高效金融体系的"臂膀",现阶段的"管理"是搀着走,而最终改革的目的是要实现大步向前走。汇率走向全面浮动是人民币成为国际货币的基础,这需要以我国的经济增长方式实现转变、企业国际风险管理能力提高、银行服务创新和产品创新以及等众多客观条件的存在为客观前提。

　　本书是由我作为指导教师,陈雪博士的博士论文的部分内容为基础而写作而成的,也是我作为首席专家申报的国家社会科学基金重大招标项目"稳步推进人民币汇率形成机制改革研究"的研究成果之一。根据我们的研究,汇率形成机制的讨论必须把商品市场与资产市场结合起来进行,汇率的形成机制包括定价机制、管理机制和市场机制三部分。因此,我们把关于人民币汇率形成机制的研究成果分别整理出版,第一本关于定价机制的研究成果——《人民币汇率定价机制研究:波动、失衡与升值》专著已经出版,本书是第二本,专题讨论管理机制问题,关于市场机制的研究,将考虑作为另一本专著出版。欢迎各位专家和读者批评指正。

金雪军

2016 年 1 月于浙江大学

目　　录

1 导 论

近些年来,我国与世界各国在贸易与金融交往中程度不断深化,国际资本流动日益频繁,人民币汇率作为我国货币与其他国家之间货币交换的比价、汇率变动与稳定,这关系到国际经济利益的分配。2005 年 7 月的人民币汇率形成机制改革,标志着我国人民币汇率市场化进程的加快,这一汇率政策调整的目标,实质上是将人民币汇率从单一的钉住美元向钉住一篮子货币,最终向浮动汇率制度实现过渡。在 2005 年我国推行人民币汇率形成机制改革之前,人民币事实上一直采取钉住美元的汇率安排,虽然在当时这种非市场化的制度安排,控制了人民币汇率波动的水平,为我国外向型经济的发展创造了有利的发展空间,但是也为国内经济的稳定发展埋下了诸多隐患。在我国日益融入全球经济的背景下,推行人民币汇率市场化改革已成为大势所趋,自 2005 年"汇改"以来,人民币汇率总体呈现升值态势。至 2014 年 1 月 4 日,人民币兑美元的双边汇率中间价水平已经从 8.27 调整至 6.093,人民币兑美元累计升值了35.73%。但是在此之后,受到中国经济增长疲弱和境内外市场利差不断下降的影响,至 2015 年 8 月 11 日"汇改"前,人民币汇率都呈现基本稳定但小幅贬值的态势。而 2015 年 8 月 11 日的"汇改",将人民币兑美元的双边汇率中间价水平从前一日的收盘价 6.1162 直接升至 6.2298,此举对汇率市场产生了一定的冲击,在资本加速流出中国的恐慌情绪笼罩下,8 月 27 日该中间价跌至6.4085,之后才逐步稳定。2015 年 8 月人民币汇改,标志着人民币开始实施有管理的浮动,中国的企业和金融机构需要重视管理外汇风险。在制度层面如何设计鼓励资本的长期跨境投资,减少投机做空人民币的机会,如何稳定预期,这都是理论界和实务界尚在激烈讨论的话题。

在我国经历了美国次贷危机和欧洲主权债务危机等全球性的风险事件影响之后,人民币汇率市场化改革的步伐也因此而一度放缓,央行对人民币币值干预的程度有所增强,如在美国次贷危机爆发后期又重启了钉住美元的汇率政策。可见推行人民币汇率市场化的改革不会是一蹴而就的,需要处理好"波动"与"稳定"两者之间的关系。这与全球风险事件引发的外汇市场风险、货币流动偏好转变下的币值预期及货币政策协调等一系列问题有关。

汇率形成机制中的管理机制是中央银行管理调控本国汇率的根本机理和操作准则。汇率管理机制从广义上来说,是确立目标汇率水平的基本依据和形成过程;而从狭义上来看,是指中央银行以此汇率水平为基准,对汇率的币值走势和波动进行管理调控,以及确立调控汇率的制度框架,涉及结售汇制、外汇市场干预、汇率波动幅度的确定、外汇指定银行持汇上额管理、有管理的浮动汇率制度、汇率监测制度、宏观政策搭配等内容。

从当前维护宏观经济稳定的大局来说,汇率管理中面临的最大挑战就是解决好预期人民币升值带来的投机性资本流入,以及升值预期扭转时大量投机性资本流出的问题,这种人民币预期的方向变动带来国际资本的逐利性流动会引起我国资产价格大幅波动,将外汇市场风险放大为波及金融和经济运行的实际风险。同时在国际资本流动冲击下,根据蒙代尔-弗莱明的"不可能三角",任何稳定币值的举措,都会牺牲我国货币政策的独立性。虽然汇率与一国经常项目变动关系的研究固然很重要,但在当前环境下,汇率与资本账户中跨国资本流动关系的研究意义更为重大。进行汇率管理时,不仅要重视汇率在宏观贸易层面的货币属性,还需要更加重视它在外汇市场中的资产属性,因此本书的讨论将从外汇市场风险、调整时机与政策搭配等话题出发,深入讨论管理机制中应如何处理汇率波动与稳定的关系并将其制度化的可能性。

汇率作为一种资产价格,其风险因素不容忽视。人们由于承担了风险因素而从中获得的收益,就是风险溢价。美国著名经济学家 Cochrane(2001)认为,大部分金融资产价格的走势都与该种资产的风险溢价波动有关,汇率也不例外。特别是在国内外宏观经济风险事件频发的时期,人民币汇率的形成及币值水平调整必须考虑国内外的经济环境,脱离这一背景来讨论汇率管理的机制将会是徒劳的。

汇率管理机制对于正在推进中的人民币汇率形成机制改革来说,实质上是一个相机抉择的过程。表面上看是在人民币汇率在钉住美元、钉住一篮子货币与浮动汇率制度这三种形成方式中进行选择的问题,但是实质上是对人民币从钉住美元向后两种机制依次实现过渡的进程进行如何控制管理的问题。进程放缓时,就是利用干预手段或者通过影响预期,使人民币兑美元的双边名义汇率实现稳定;而重启改革步伐或加快改革都将会使人民币对美元汇率波动空间增大并且汇率水平出现阶段性调整。单纯从宏观经济中的贸易角度来辨析内外均衡汇率对汇率管理的影响将会局限于对币值幅度调整的探讨,而在当今的汇率管理面临跨国资本流动频繁、资本项目逐步放开等复杂局面,对人民币汇率预期及货币政策调整的管理还需要考察宏观经济波动与国际资本流向的联动关系。

本书对汇率管理机制的讨论涉及以下几个方面:首先,在当前国际经济周期由频发的风险事件主导时,美元作为全球避险货币,突显了天然避风港的优势——在全球经济向好的情况下贬值,而在风险事件突发后,却出现升值趋势。那么钉住美元的汇率政策是否会降低美元相对于人民币的避险功能,在国际风险事件出现后人民币汇率调控应如何处理币值稳定与市场化波动之间的关系。其次,在人民币汇率市场化改革的逐步推行进程中,人民币汇率调控的时机选择应如何与人民币汇率预期变动的启动及停止点相匹配? 第三,在我国资本市场逐渐开放,人民币国际地位日益强化的形势下,跨国资本流动隐含了巨大的金融风险,它们在一定程度上挟持了我国的货币政策走向,汇率管理的市场化改革应当如何与之协调搭配,为货币政策操作释放空间?

在现有文献的基础上,本书第二章对汇率形成机制、汇率币值管理和政策调整及风险溢价的相关研究进行了综述,发现虽然已有文献从汇率平价及资本市场波动的角度考察汇率政策调整,突破了以前大量研究仅从均衡视角对汇率币值调整的讨论,但是从风险溢价视角切入对汇率管理调整时机和政策搭配的研究并不多。

本书第三章对我国自 1994 年以来的汇率形成及相应的管理机制中的事实特征进行了剖析,并对当前汇率管理的趋势进行了相对客观的判断。第四章考察了人民币相对于美元风险溢价的波动是否具有区制转换效应,且在不同区制状态下的宏观因素是否存在差异,为第五、第六章从预期与货币政策相协调下的时机选择研究提供了事实基础。第五章从影响汇率预期的形成机制出发,发现了汇率风险溢价与风险因素和美元指数共同构成了汇率预期拐点出现的诱因。这一现象为人民币汇率水平调整确定有利时机提供了现象依据。第六章讨论汇率调整应如何与货币政策协调搭配,为货币政策的实施有效性创造了空间,这是我国现阶段的汇率政策调整时机选择必须要考虑的现实因素。

在研究方法上,我们根据研究的目的和样本特征选用了采用马尔科夫状态转换模型研究时间序列的状态转换特征,马尔科夫状态转换模型具有状态识别的能力,特别是在本书研究的样本范围内,美国次贷危机前后全球经济运行的逻辑关系发生了明显的区制变化,此类模型能够发现状态转换的内生性。第四章对人民币汇率风险溢价的波动行为特征与宏观经济变量、制度变量的关系进行实证研究时采用了 Hamilton(1989)提出的基于马尔科夫状态转换的自回归条件异方差模型(Switching Regimes Autoregressive Conditional Heteroskedasticity Model,简称为 SWARCH 模型),该模型的条件方差可以在不同状态之间进行转换。而转换时点的确定是数据自身特征,通过马尔科夫一阶过程来决定,而不是主观设定的。第五章运用马尔科夫向量自回归模型(Markov-Switching Vector Autoregressions Model,简称为 MSVAR 模型)刻画人民币汇率预期差出现拐点的经济状态特征。与一般根据数值指标划分的方法相比,MSVAR 模型能够将其他经济因素纳入进来,考虑经济整体的运行状态。该章采用带截距项的异方差向量自回归模型(MSIH-VAR(p)),在该模型中截距项的区制转移将等同于对白噪声序列产生一个冲击,以刻画在多种宏观因素决定的经济状态条件下,汇率预期差拐点出现的时机。在第六章中分别对 IS 曲线和股市风险溢价来源因素模型进行估计,采用状态空间模型(State-space Model)对变参数模型(Time-varying Parameter Model)进行估计。与定参数模型相比,变参数模型能够反映回归系数在不同时点的差异。状态空间模型构建的动态系统能够将不可观测的状态变量并入可观测模型并与其一起得到估计结果,并利用卡尔曼滤波对状态变量的估计值进行迭代更新得到变量最符合观测值的估计,以得到外汇市场风险溢价对最优利率水平影响的时变系数。另外还有其他定量分析方法。如格兰杰因果检验、协整分析等时间序列分析方法研究多变量线性回归方法等。本书也注重数理模型的构建与推导。在第五章对汇率预期形成机制进行了建模,区分了理想状态和存在外汇市场的干预者时这两种状态下汇率预期形成效果的差异;第六章对 Ball(1999)、Kontonikas 和 Montagnoli(2006)的经济模型进行修正,将汇率风险溢价和股市风险溢价加入后,对央行最优损失函数进行了数理推导,得到了最优利率政策模型。

人民币汇率管理机制仅仅是人民币汇率形成机制的一部分,它与定价机制和市场机制两者相融合,是三位一体人民币汇率形成机制的有机组成。其中定价机制指先确定汇率形成的长期均衡值,以作为定价基础和目标,然后选择合理的汇率变化轨迹(升值或者贬值)。王义中博士与金雪军教授合著的《人民币汇率定价机制研究——波动、失衡与升值》已经对汇率定价机制进行了充分的讨论,本书围绕"管理机制"这一主题,对如何确定汇率波动与稳定的制度框架进行探讨,涉及对汇率形成机制中的市场力量所体现出来的风险溢价问题与币值水平、稳定性管理调整的时机和政策协调搭配等诸多方面。而汇率市场机制是指构建外汇交易的市场基础,由外汇市场的供求关系确定名义利率,包括做市商制度、交易机制、远期外汇市场、银行间外汇市场资本账户管理等内容。

2 文献回顾

【本章导读】 汇率管理,可以从短期和长期来进行区分。从长期来看,是对一国汇率水平形成机制的改革;而从短期来看,主要是对币值管理的调整。在推进汇率价格市场化的趋势中,市场参与主体对风险的偏好及其索要的溢价都成为汇率管理及政策调整的重要参考因素。本章综述了学术界对汇率管理机制和外汇市场风险溢价的相关观点和研究。

2.1 基本概念

人民币汇率形成机制中的管理机制就是确定汇率变动与稳定的制度框架,包括结售汇制、外汇市场干预、汇率波动幅度的确定、外汇指定银行持汇上额管理、有管理的浮动汇率制、汇率监测制度、宏观政策搭配等内容。本书侧重于讨论与币值管理相关的管理机制,包含外汇市场干预、汇率波动幅度的确定、有管理的浮动汇率制、宏观政策搭配等内容。

(一)汇率形成机制

一国的汇率形成机制,又可以称之为汇率制度、汇率安排,是各国货币当局对于确定、维持、调整和管理汇率的原则、方法和机构所进行的系统安排或严格规定,概括地说是指一国货币当局对本国汇率变动的基本方式所做的一系列安排或规定(吕莫启等,1999)。

(二)汇率管理机制

汇率管理机制是指确定汇率变动与稳定的制度框架,体现在一国政府对汇率形成机制的调整和汇率水平的控制。从长期来看,汇率管理机制建立的过程是对一国汇率形成机制的改革与完善;讨论人民币汇率形成机制改革是如何从钉住美元、钉住一揽子货币向有管理的浮动汇率制度进行过渡，而核心是对改革进程的时机进行优化选择。从具体举措来看，主要体现在央行在外汇市场上对币值走势干预的时机选择、汇率波动市场化推进的时机选择以及如何实现与货币政策的协调搭配问题。所以汇率管理机制是汇率形成机制的有效组成部分，是对币值水平调整与波动幅度动态调控的制度化框架。

（三）外汇市场的风险溢价

从投资学的角度来说，风险溢价是指投资者在持有风险资产时所需要的高于无风险收益率的额外补偿。索要风险溢价的主体是风险厌恶型的投资者，他们因在投资中承担了风险而需要额外的补偿。风险溢价与个人的风险偏好密切相关，因此具有主观性和个体间的异质性。Campbell 和 Cochrane（1999）提出的基于消费的跨期资产定价模型将人们对某种资产的风险偏好与该种资产是否能够有助于投资者维持日常消费水平这一特征联系起来。Rudebusch 和 Swanson（2008）指出了资产在经济状况良好（good-state）和经济状况不佳（bad-state）时的收益回报特征表现为：在经济状况良好的时候，人们收入稳定，消费水平不会受到影响，而在经济状况不佳的时候，人们的收入有所降低，维系原来的消费水平，需要额外的报酬来源。当一种资产在经济状况好的时候，提供较高的收益；而在经济状况不佳的时候能够提供的收益也降低，那么称该种资产具有"正"的风险溢价；而反之，当一种资产在经济状况好的时候，提供的收益与其他资产相比并不高，但在经济状况不佳的时候时，提供的收益也并不会下降，相反还有可能上升，那么称该种资产具有"负"的风险溢价。比如保险，保费就是为了享受这种风险补偿机制而付出的"溢价"。Verdelhan（2010）发现在国际货币市场上，美元充当了"保险"角色，在经济状况良好的时候，美元贬值；而在经济状况不佳时，美元升值。

外汇市场的风险溢价反映的是货币作为一种资产在货币市场上享受的超额收益率，这是基于国际金融领域著名的非抛补利率平价（Uncovered Interest Rate Parity，简称 UIP）假说而言的。当 UIP 假说成立时，预期汇率的变化受两国利率差异的影响，两个国家利率的差额等于预期汇率变化的差额。风险中性的投资者通过国际资本市场套利最终使高利率货币在未来贴水，低利率国货币在未来升水。但是众多的实证研究发现当高利率货币出现在未来升水的现象，即出现 UIP 偏离，认为投资高于利率货币的风险收益较高是因为可以享受较高水平的风险溢价（Verdelhan，2010）。而 UIP 假说的成立以国际资本可以充分流动为前提，金融市场化程度不高、资本账户尚未完全开放、资本国际流动限制的条件制约也会出现 UIP 偏离的情形。对新兴市场国家与而言,制度性因素对货币超额收益率的影响更加明显。

2.2　汇率管理机制的研究综述

张斌、何帆(2005)认为成功的汇率管理依赖于制定明晰的汇率政策目标、设计合适的汇率管理方案以及选择合适的政策调整时机,因此本小节将从汇率管理的目标、方案和调整时机三个方面就国内外已有的理论与实践经验研究进行系统性的综述。

2.2.1　汇率管理的目标

汇率调控管理需要考虑的首要问题是确定汇率政策调整的目标。一般来说,汇率调整的目标是指将汇率水平控制在保证商品市场上均衡与资本市场稳定条件下形成的合理汇率水平。汇率形成机制调整是指达到这种合理目标的手段和方法。

作为已经采用浮动汇率、具有完善外汇市场的发达国家,汇率管理的目标相对简单,只需要在经常项目出现严重的贸易失衡,即贸易顺差或者贸易逆差过大的时候,对汇率进行干预。而对一般的发展中国家来说,汇率政策的调整目标具有多样性和复杂性。Reinhart(2000)以及 Cavlo 和 Reinhart(2000)认为发展中国家的汇率政策调整是以降低通货膨胀、维护本国经济政策的可信度为目的;Kawai 和 Takagi(2001)指出在 20 世纪 90 年代的东南亚金融危机发生之后,汇率政策不仅以稳定汇率来实现贸易、投资与经济的增长为目的,还需要在区域内实现汇率政策的协调,以保证区域内各国汇率水平的相对稳定。汇率水平的波动性对贸易和投资也会产生其他影响,特别是新兴市场经济体内出现的"害怕浮动"现象(Calvo & Reinhart,2000)。

Krugman 和 Obstfeld(2000)认为"只有当产品市场和资产市场都处于均衡状态时,整个经济才能均衡"。但资产市场是由名义性货币因素影响的,如果将这两个市场混为一体,则无法区分短期和长期效应,仅根据单一市场上的均衡汇率而进行政策调整就忽略了不同市场对资源调整的差别。从期限上来看,长期目标一般是指使一国经济在内外均衡时实现的汇率水平,而短期目标是要维持资本市场的稳定,防止汇率波动引起的资产价格大幅波动而引起国内金融市场动荡。汇率调整目标的长期性与短期性特征说明汇率政策需要适时为实现产品市场与资本市场同时均衡进行调整。

汇率管理目标不仅要考虑维持宏观经济内部与外部均衡,将汇率调整到与内部均衡与外部均衡相一致的均衡水平,实现"长期"目标,同时在全球经济金融一体化趋势日益增强的情况下,考虑货币及资本市场的稳定性,实现汇率波动的"短期"目标。下面就涉及这两个目标的理论研究成果进行系统性的综述。

一、汇率管理的长期目标

均衡汇率的定义本质上就是均衡汇率测算的统计口径。而西方具有影响力的均衡汇率理论主要有:基于购买力平价下的汇率均衡、局部均衡框架下的均衡汇率和一般均衡框架下的汇率均衡。

（一）购买力平价下的汇率均衡

购买力平价(Purchasing Power Parity,简称 PPP)理论决定了货币在商品市场上的购买能力(Dornbusch,1976；Mussa,1982)。在短期内,汇率会对购买力平价有所偏离;但是从较长期的时间范围来看,由于购买力平价的存在,汇率水平会向 PPP 发生回归。由此可见,购买力平价决定长期的均衡汇率水平。

在汇率政策调整中,用长期购买力平价可作为判断汇率高估或者低估的判别标准之一。用对数形式表示:

$$e-p+p^* =a_0+\varepsilon \tag{2.1}$$

式(2.1)中,e 表示名义汇率(直接标价法),实际汇率水平可以导出为 $e-p+p^*$, p、p^* 分别表示国内和国外的价格水平,a_0 为固定常数项,ε 是随机变量。用 ε 来解释实际汇率与长期购买力平价决定的均衡汇率水平间的偏离程度。

姜波克(2002)认为实际汇率水平具有不变性和稳定性,也就是说如果 PPP 能在统计意义上成为实际均衡汇率,则实际汇率 $e-p+p^*$ 应该是平稳序列或者是向均值回归。国外也有较多的文献从实证方面验证了长期购买力平价是否成立。Abuaf 和 Jorion(1990)通过对发达国家 1990—1992 年的汇率数据研究发现,从长期来看 PPP 是存在的,短期内汇率水平虽然会偏离由 PPP 决定的长期均衡值,但是一般在 3 年之内,这种偏离程度会降为一半。针对发展中国家的实证研究发现,McNown 和 Wallace(1989)使用 Engle 和 Granger(1987)两步协整检验方法,验证购买力平价在阿根廷、巴西和智利等这些发展中国家成立。Holmes(2001)使用 1973—1997 年的季度数据并运用 Johansen 最大似然估计方法检验了发展中国家的购买力平价,其检验结果同样支持长期购买力平价成立。

　　国内学者对人民币汇率是否符合购买力平价进行了验证,由于样本阶段、计量方法的不同,观点存在较大差异。金中夏(1995)在实证研究中,考虑了通货膨胀水平对实际汇率水平的影响,采用美国批发物价指数和中国的消费价格指数将通胀因素剔除,测算出人民币/美元的双边汇率,实证结果表明,改革开放以来人民币实际汇率总体上贬值。易纲和范敏(1997)测算1993—1995年针对美元的可贸易品购买力平价的估计值,在1993年购买力平价约为1美元合7元人民币,1994年为1美元合7.3元人民币,而在1995年该比值继续略有下降为1美元合7.5元人民币,实际汇率为1美元合4.2元人民币。进而他们预测人民币实际汇率在当时存在低估,而在1995年之后的两三年内将缓慢升值并趋近于可贸易商品的真实购买力平价。但陈学彬(1999)根据绝对购买力平价和相对购买力平价公式计算为基础,测算出了人民币兑美元汇率不是高估而是低估。但是,张晓朴(1999)比较人民币名义汇率与国内物价、美国物价水平之间的关系,发现人民币兑美元汇率的变动不符合购买力平价理论。刘阳(2004)也发现人民币与美元之间的相对购买力平价是不成立的。陈志昂和方霞(2004)认为在1990—2000年间,人民币实际汇率是低估的,将购买力平价中的产品分为可贸易品和非可贸易品,进而发现扩展的购买力平价拟合度相对较高。赵登峰(2004)运用协整的计量方法进行研究后认为,虽然购买力平价兑人民币汇率变化的解释力较弱,但是从长期来看,购买力平价在人民币汇率变化中,还起到了基础性的变化作用。范爱军和韩青(2008)认为一般计量方法中的实际汇率的平稳性检验和名义汇率与国内和国外价格水平的协整检验,对检验人民币汇率购买力平价的验证不具有适用性,主要是由于我国汇率与价格的传导机制的通畅性欠缺,因而购买力平价并不完全成立。刘金全、云航和郑挺国(2006)采用Markov区制转移的Engel和Granger(1987)协整分析对人民币汇率购买力平价假说的计量检验,运用汇率制度改革、通货膨胀率、经济政策调整等经济事件来进行内生性的区制划分,发现人民币汇率长期购买力平价假说成立。

　　(二)局部均衡条件下的汇率均衡

　　基于进出口贸易方程的均衡汇率是局部均衡条件下的均衡汇率水平。均衡汇率需要考虑经常账户项目发展的潜在趋势,在估计贸易方程的基础上,求在经常项目均衡时,实际汇率应当如何变化。但同时局部均衡的实际均衡汇率计算框架并不是没有考虑内部均衡的因素,局部均衡框架下的实际均衡汇率水平取决于目标经常项目余额和贸易方程,它所计算的中长期潜在产出水平其实也反映了内部中长期均衡的理念,局部均衡条件也是继购买力平价计算方法之后在国际经济学界占据主导地位的实际均衡汇率模型。主要的代表性理论有以下几种:基本因素均衡汇率理论(Fundamental Equilibrium Exchange Rate, FEER)、均衡实际汇率理论(Equilibrium Real Exchange Rate,ERER)、自然均衡汇率理论(Natural Real Exchange Rate, NATREX)、行为均衡汇率理论(Behavioral Equilibrium Exchange Rate,BEER)等。

　　Wolliamson(1994)提出的基本因素均衡汇率理论(FEER)认为均衡实际汇率是能够保证实现内外部经济同时均衡的汇率水平。宏观经济的内部平衡表现在经济处于充分就业和低通货膨胀状态,而外部均衡反映了经常项目伴随的净资本流动。施建淮(2005)认为,"FEER方法的主要缺陷是可操作性比较差,涉及大量与经常项目和资本项目有关的参数设定(将参数校准在充分就业和可持续的净资本流动水平),使得该法得到的估计结果对模型参数的设定比较敏感",并且模型并不包含一些被证明对实际汇率行为具有影响行为的变量。Coudert和Couharde(2007)运用FEER模型,利用可持续性经常项目计算实际有效汇率发现:人民币实际汇率在2003年低估了23%,而人民币兑美元的汇率低估达到44%。胡春田和陈智君(2009)发现利用均衡汇率理论计算人民币均衡实际汇率,自2005年7月汇率制度改革至2009年2月,人民币对美元名义汇率升值21%,证明了2008年年底,人民币已升值过度,表现出的现象是2007—2008年间中国沿海数以万计的出口企业倒闭,大量工人失业,经济现象显示人民币很可能已经升值过度,这与多数研究文献的计算结果却指出人民币升值还未到位的结论是相反的。

　　自然均衡汇率理论(NATREX)(Stein,1995)除了考虑国际收支均衡(没有外汇储备变动)外,还将满足国内失业率作为汇率的基本条件之一。NATREX模型的基本结构方程包括如下四个:内部商品市场均衡方程、利率平价方程、投资和储蓄决定方程、净国外债务和经常项目变化方程。孙茂辉(2007)采用我国1978—2004年的年度数据,根据自然均衡汇率理论和中国宏观经济特点,提出估计人民币自然均衡实际汇率的结构方程,其中变量包括消费、投资、贸易收支和国民收入等,算得人民币中、长期的自然均衡实际汇率,测算出人民币实际汇率失调程度,结果表明:在2005年汇率改革之前,我国人民币升值压力主要来自金融经济层面,人民币币值存在一定程度低估。

　　由Clark和MacDonal(1998)提出的行为均衡汇率理论(BEER),通过一个简约方程即单因素方程将均衡汇率水平解释为中长期经济要素、短期变动因素与随机扰动项的函数。BEER 模型运用协整方程和滤波技术考察实际汇率与影响汇率各因素之间的协整关系,并进一步可考察汇率的均衡与失调情况。张晓朴(1999)运用该模型发现:当本国贸易条件改善、对外净资产增加会促进人民币均衡汇率升值;而在货币供应量(M₂)和利率上升时,会使汇率贬值。施建淮和余海丰(2005)发现从长期因素来看,对外净资产、贸易条件和对外开放政策决定了人民币的长期均衡汇率水平;郑佳和林斌(2008)对 BEER 模型改进为可以区分长期因素和中期因素,并进行了实证研究发现:从长期决定因素来看,劳动生产率和贸易条件改善会使人民币汇率升值;而从中期来看,对外净资产、开放度和货币供应量决定了中期的均衡汇率水平。陈云、陈浪南和林伟斌(2009)利用边限协整方法进行实证研究发现:非贸易品和贸易品价格水平、贸易条件、工业增加值和对外净资产决定了人民币均衡汇率的长期水平。王海军(2010)构建了一个半对数的协整方程,对我国在 1995—2010 年间的季度数据进行实证检验发现:贸易条件改善、对外净资产占 GDP 比重上升会促进人民币均衡汇率升值;而国内利率上升、对外开放程度提高会促进人民币均衡汇率贬值。

(三)一般均衡条件下的均衡汇率

在新开放宏观经济学(New Open Economy Macroeconomics,简称为 NOEM)的视角下,大量文献对 Obstfeld 和 Rogoff(1996)的粘性价格一般均衡模型进行了拓展,从一般均衡的条件下考察均衡汇率水平的决定因素和决定机制。Stockman(1980)和 Lucas(1982)提出了一般均衡状态下的汇率决定模型。Chari、Kehoe 和 McGrattan(2004)对价格粘性,Hau(2000)、Obstfeld 和 Rogoff(1996)对工资粘性的情况进行了探讨,Betts 和 Devereux(2000)将依市定价(Pricing to Market)加入到模型中,Hau(2000)、Obstfeld 和 Rogo(1996)还考虑了非贸易商品(Non-traded goods)存在的情况。通过物价和价格粘性是无法完全解释汇率与基本经济波变量相比所呈现的波动幅度,一般均衡模型还考虑了金融市场不完全、非抛补套利假说无法完全成立时的情况(Chari et al.,2004;R. Cristadoro et al.,2006)。一般均衡的模型一般分为三类,一种是 DLR 模型(Devarajan,1999),另一种是基于结构性的大型经济计量模型,还有较新的一种是采用随机动态一般均衡模型(Dynamic Stochastic General Equilibrium Model,DSGE 模型)。DLR 模型通过计算需求替代弹性和供给转移弹性构建 8 个方程,Bu 和 Tyers(2001)使用该模型对人民币均衡汇率进行了研究。Haque 和 Montiel(1999)设计了针对发展中国家的结构性一般均衡模型。李鑫等(2010)在凯恩斯主义宏观经济模型的基础上,结合我国的情况构建了一般动态均衡模型,附加了后顾性和前瞻性预期因素构建测算人民币均衡汇率的计量模型,他们以 1994—2008 年的季度数据为样本,使用广义矩方法对经济结构联立方程组模型进行估计,得到反映中国宏观经济短期偏离的 IS 曲线、AS 曲线、货币需求方程以及外汇市场行为均衡方程,发现在样本期的大部分时间段里,人民币实际有效汇率偏离小于 2%,而 2008 年实际有效汇率升值速度太快。杨治国和宋小宁(2009)构建了一个随机动态一般均衡模型(DSGE),分析了均衡汇率的内在决定机制,发现均衡汇率受到名义汇率、两国技术水平差异以及两国名义货币余额差异的影响,在货币余额差异不变的情况下,名义汇率扰动对均衡汇率并无明显的影响;在短期内技术水平差异不变的情况下,两国名义货币余额的差异变化将影响均衡汇率,政府可通过调整名义汇率和两国货币利率差异的方式使汇率恢复至均衡水平。

二、汇率管理的短期目标

均衡汇率理论的基本前提是汇率是由国内外金融资产的需求和供给决定的,也就是说,汇率可以看作是人们根据自己的消费方式进行内外资产组合配置的结果。但是在资本市场上,汇率是通过国际抛补套利所引起的外汇交易形成,汇率波动直接反映投资者在国内外市场投资的收益情况,所以短期内汇率预期、汇率波动引起的资本跨境流动会对一国资本账户的安全稳定性产生影响,进而影响一国宏观经济的安全。特别是当一个国家的汇率市场体制不完善,尤其是金融市场发育不完全,无法在短期内对汇率波动风险进行有效化解,容易造成汇率的波动偏离真实经济基本面,给一国的宏观经济稳定以及金融市场安全造成负面的冲击(张斌、何帆,2005)。汇率政策调整的短期目标主要是指在资本市场上,适时调控汇率与资产收益率之间的关系,以维护一国金融市场的安全性与稳定性。这里的资产收益率即包括无风险收益率即利率,也包括风险资产的收益率。

经济理论中关于汇率和利率关系的理论研究有很多,直接给出利率和汇率之间关系的理论就是利率平价理论。20 世纪 50 年代开始,许多西方学者在凯恩斯和艾因齐格古典利率平价理论的基础上,结合国际金融市场新格局,对远期汇率进行了更为系统性的研究,提出了现代利率平价假说(Interest Rate Parity Hypothesis)。该假说成立的两个基本前提是:外汇市场高度发达和资本在国家间可以自由流动。利率平价理论又可以分为非抛补利率平价理论和抛补利率平价理论。

非抛补利率平价理论认为预期汇率的变化会受到两国利率差异的影响。

两个国家利率的差额等于预期汇率变化的差额。风险中性的投资者会通过国际资本市场套利最终使高利率货币在未来贴水,低利率国货币在未来升水。对于抛补利率平价(Covered Interest Parity,简称为CIP)来说,它的主要观点是指,在资本自由流动且不考虑交易成本的情况下,远期汇率与即期汇率的差价是由两国利率差异决定的,并且低利率国货币的远期差价表现为升水,高利率国货币的远期差价表现为贴水。基于远期汇率的估计模型,发现的现象又可成之为"远期升水之谜"(Forward Premium Puzzle)或"利率平价之谜",即高利率货币在未来会升值,而低利率货币在未来会贬值。

国内外学者对利率平价是否成立以及哪些因素会影响利率平价假说的成立也进行了较多的研究。Stein(1965)以美国、英国、加拿大三国为研究样本分析利率是否会对远期汇率平价产生影响,发现远期汇率的实际变化会小于利率平价理论所要求的变化。也有学者分析了其他因素对利率平价的影响:Aliber(1973)观察出其他因素如交易成本、违约风险和非货币收益、违约风险等因素的组合对利率平价的影响;Dooley和Isard(1980)还分析了一国的风险因素如政治风险的影响,通过对1970—1974年欧洲市场利率以及联邦德国马克贷款利率变化利用投资组合行为模型进行研究,发现伴随资本控制预期的政治风险将导致对利率平价的偏离;也有研究指出市场制度因素对汇率平价的影响,Wu和Chen(1998)运用1979年1月至1996年9月欧洲市场利率的月度观察数据对实际利率平价检验采用面板回归得出了支持实际利率平价假说的结论,发现在欧洲自1979年以来国际金融市场一体化的快速进程是有利于利率平价条件的成立。

多恩布什汇率超调理论(Dornbusch,1976)从时间段上解释了利率和汇率之间的偏离问题。该理论认为当本国货币利率相对于国外利率受到正的冲击时,会立即出现升值,然后出现持续一段时间的贬值,直到汇率重新回到均衡水平,这是由于货币市场和商品市场的调整反应速度存在较大差异性。一般情况下,商品市场价格的调整速度较慢,反应过程较长,呈粘性状态,称为粘性价格。而金融市场的价格调整速度较快,汇率对该市场的冲击反应较快,调整即刻完成。当汇率对外部冲击做出的过度调整,即汇率预期变动偏离了在价格完全弹性情况下调整到位后的购买力平价汇率,就被称之为汇率超调。但是Sims(1972)通过VAR模型对利率和汇率的关系进行实证检验,发现汇率的波动并不符合超调现象所预期的情况。Eichenbaum和Evans(1995)以及Grilli和Roubini(1996)使用递推识别方法(Recursive Identification Strategies)发现在本币面临紧缩性货币政策时，会进入 3 年的持续升值期，可以用汇率的"滞后超调效应"（Delayed Overshooting Puzzle）与 Hansen 和 Hodrick（1983）、Fama（1984）、Froot 和 Thaler（1990）以及 Lewis（1995）等人提出的远期折价之谜（Forward Discount Puzzle）进行解释。Scholl 和 Uhilg（2008）运用 Sign Restrictions 的 VAR 回归方法，也发现在没有汇率超调效应时，远期折价之谜也可以对此现象做出解释。

国内学者结合我国人民币制度及汇率波动的基本特征，对利率平价在我国是否存在及其影响因素也进行了研究。张萍（1996）考察了利率平价理论在中国的表现，发现人民币汇率与利率关系并不满足利率平价理论，这是由于短期资本的有限流动性、汇率形成机制缺乏效率、汇率预期形成机制较简单等原因。并且认为随着国内金融市场对外开放程度和经济体制改革的深化的提高，人民币汇率、利率和资本流动之间的关系将更符合利率平价的表现形式。熊原维（2004）认为利率平价理论主要是短期对汇率的影响，分析了在未来由于外资银行、QFII 等在今后将为短期资本流动提供更加畅通渠道，这使得我国将逐渐具备利率平价理论的成立条件。张占威（2007）根据中美两国不同经济形势组合，采用了矩阵分析的方法，发现人民币汇率远期波动幅度增加能够在中美两国避免大规模国际资金流动，利率平价理论对人民币汇率的影响将不断提高。江春和刘春华（2007）还根据中国的经济体制改革的进程对利率平价理论的适用性进行了阶段性划分，利用实证分析发现：随着我国市场利率化改革的深入和人民币与其他货币自由兑换的逐步实现，利率平价假说在中国的拟合性正逐渐提高。何慧刚（2007）对利率平价模型进行了修正，提出了利率—汇率联动协调机制，分析利率和汇率之间的相互作用。荀玉根（2008）对 1985—2007 年中国和美国一年期存款利率及中美汇率的变化情况进行实证分析，发现人民币汇率与利率偏离利率平价的预期，利率平价理论在中国的解释性并不高。但李伟杰（2009）运用 1981—2008 年的数据对理论和实际的契合度进行了分析，发现利率平价理论与我国的实际情况是部分契合的，通过运用 1985—2007 年的样本数据，对中美汇率变化和利差进行格兰杰因果关系检验发现，汇率变化率是利差的格兰杰原因，而反之不成立。

对风险资产收益率与汇率之间关系研究的文献也逐渐涌现。Neumeyer 等（2005）将小型开放经济体的实际利率分解为国际利率与风险溢价两部分，Matsumoto（2011）以拉丁美洲国家为样本，发现一国风险资产的风险溢价水平和无风险利率对一国利率水平的影响不同。范立夫（2011）基于利率平价的传统利差套利模式已经不足以解释跨境资本的流动,国家间的利差已经不是国际热钱流入的主要原因,而真正吸引热钱流入的是资产价格上涨而获得的回报率,进而建立了资本加权收益率对利率进行替代,建立资产价格的套利模型,使用数值模拟的方法对模型估计,并得到了协调利率与汇率关系的相关建议。

2.2.2 汇率管理的方案

汇率管理的方案,也可以从广义和狭义上来进行区分:从广义上来看,是调整一国汇率水平的形成机制;而从狭义上是指对币值稳定和波动的调控。

一国的汇率形成机制,又可以称之为汇率制度、汇率安排。汇率制度是一个随时间不断演化发展的概念,涉及一国货币当局对本国汇率的定值基础、变动方法及管理规则所做的一系列安排或规定(白雪飞,2010)。在1999年以前,国际货币基金组织(IMF)所公布的汇率制度完全根据各国所申报的汇率制度分成三大类和八个小类——第一大类:钉住汇率制度,包含硬钉住、传统钉住、水平带钉住三小类;第二大类:中间汇率制度,包含爬行钉住、爬行带、目标区三小类;第三大类:浮动汇率制度,包含自由浮动、有管理的浮动二小类。1999年以后,IMF也开始提供基于各成员国名义汇率制度基础上的事实汇率制度。IMF的事实汇率制度分类结果共划分为三个大类和八个小类,分别为:钉住汇率制度,包含无独立法定货币的汇率管理、货币局管理、其他传统的固定钉住管理;中间汇率制度,包含区间钉住汇率、爬行钉住、爬行区间中的汇率;浮动汇率制度,包含无预定路径的管理浮动汇率和独立浮动。

众多学者研究了一国的经济因素对汇率制度安排的影响,Calvo和Reinhart(2000)研究了1970—1990年154个国家和地区的汇率安排,实证分析各种汇率安排中的汇率行为、外汇储备、货币总量、利率以及商品价格之间的关系,结果显示各国或地区实际汇率制度安排并没有出现两极的现象,并提出了"害怕浮动"假说。Poirson(2001)通过对93个国家1990—1998年的样本进行研究,利用回归模型分析发现政策因素,如政策稳定性、储备的充分程度、美元化情况、汇率风险暴露情况,资本流动性等对汇率制度的选择起显著决定作用。刘程和佟家栋(2010)利用金融约束的开放经济体跨期模型,发现浮动汇率对于宏观经济的冲击吸收能力依赖于该国金融环境的发展条件。

因此目前来看,学界对人民币汇率形成机制的选择主要集中讨论以下三种——钉住美元、钉住一揽子货币和有管理的浮动汇率制度。

我国在1997年之后实际上采用的是钉住美元的汇率制度,这种汇率制度可以降低金融系统的风险。而在 2005 年汇率改革之后推行的钉住一篮子货币的汇率制度,使得我国人民币汇率不再和美元挂钩,而是钉住包括美元在内的其他货币,如欧元、日元等。由于欧元和日元相对于美元的双边汇率是根据货币市场供给和需求频繁变化的,所以人民币兑美元的名义汇率水平波动程度有所增加;但是也有研究表明 2005 年"汇改"之后,新的汇率制度没有发生根本变化(金永军和陈柳钦,2006;Frankel & Wei,2006;Ogawa & Sakane,2006)。而第三种浮动汇率制度是比钉住一篮子货币更具灵活性的汇率形成机制,是未来汇率市场化改革的方向。

对于我国汇率制度的选择,学者在计量和实践领域都有一些研究成果。王曦和朱洁瑜(2009)利用 77 个国家 1998—2003 年的数据,以汇率变动率、汇率变动的标准差和外汇储备变动率为依据,采用聚类分析法对汇率事实制度分类,利用有序 Probit 模型进行验证,发现发达和非发达国家具有不同的汇率制度选择规律,以发达国家经验来看,中国选择浮动汇率制度的概率接近 1;而以非发达国家经验来看,中国选择固定汇率制度的概率为 0.67。

张斌(2010)提出人民币汇率制度改革的折中方案:"第一,一次性升值以后引入年波幅 3% 的上下浮动区间,人民币将步入一个因市场预期不同而自发调整的状态依存型的汇率形成机制。如果 10% 的升值不能满足市场上人民币升值预期,人民币继续上升的空间只有 3%,在这之后,人民币重新回归到了钉住美元的汇率体制或者是(至少在短期内)对美元只会贬值但是不会升值的汇率形成机制。如果 10% 的升值之后消除了单边人民币升值预期,人民币汇率将会进入市场或政府调节的窄幅自由浮动状态。第二,3% 之内的上下波动可由市场主导,亦可以由政府主导。上下 3% 以内的波动,政府可根据短期资本流动状况通过外汇市场干预引导预期,引入钉住一揽子货币的浮动规则,或者是以市场供求力量为基础决定波动的方向。"

夏斌(2011)指出有管理的浮动汇率制度符合我国战略过渡期的利益,由于我国在短期内较难确立起可以与美元匹敌的国际信任基础,保持与美元汇率的相对稳定,在一定程度上可借助美国已建立的信任基础,实现以下两个"有助于"的目标,第一个是有助于推动我国的人民币国际化的进程,第二是有助于我国在货币环境相对稳定的情况下提高对货币调控的能力。但是钉住美元的汇率政策从长期来看,并不利于我国经济实现稳定增长以及人民币国际化战略。我国通过允许汇率有管理的浮动,可以在与美国之间的经济周期、经济结构一致时,会为我国货币政策提供一定的灵活性,进而纠正美国货币政策的失误,使人民币建立比美元更强的国际信任。

对汇率水平的调整主要体现在对人民币汇率升值或者贬值的方向、方式和幅度进行选择。国内学者就人民币是否升值、升值的方式进行了诸多的具有较强实践指导意义的研究。

张曙光(2005)认为"升值的幅度要适当,过大可能承受不了,过小不解决问题,还要再调,就会陷于被动。不过,近几年内只能动一次,不能动两次和多次。根据估算,人民币升值在5%～10%之间较为恰当。5%以下可能太小,解决不了问题,超过10%,影响较大,可能承受不起"。夏斌(2011)认为"官方对汇率币值的调控需要确立一定时期的中心汇率。中心汇率不一定要事先公布,可应根据经济及金融发展状况,视市场状况适时主动地进行一次性调整,也可分解在缓慢地波动中"。

对是否应当升值以及如何升值的讨论有如下观点:张曙光(2005)认为"维持汇率水平不变,其利益在于汇率稳定,预期稳定,免除了汇率调整的成本。其成本在于汇率扭曲带来了错误的市场信号和错误的资源配置,也使货币政策完全陷于被动,利率、准备金率和公开市场操作都拴在汇率上,公开市场的长期单向操作"。魏巍贤(2006)指出人民币的大幅度升值对中国经济整体不利,而小幅度的升值影响甚微。因此,既要避免大幅度的升值,又可适当地扩大汇率的浮动范围,缓解人民币升值压力。何新华等(2003)使用季度数据和计量经济学的协整方法,发现人民币升值将会产生的J曲线效应,升值将带来的通货收缩压力,并进行了政策模拟结果表明,为减轻人民币升值对宏观经济的影响,渐进式升值优于瞬间大幅调整。范金和郑庆武等(2004)采用社会核算矩阵的乘数法发现人民币升值并不会改变中国的贸易顺差状况。而人民币升值无论是对采用支出法还是采用收入法计算得到的GDP的影响都不大。王曦和朱洁瑜(2009)认为在人民币币值调整上,出于稳定社会和经济发展、促进国际贸易及吸引外资的考虑,升值应小规模持续地进行,而不会采用浮动汇率制度下的大幅度调整或一次性调整到位。

对升值方式的讨论主要的研究观点有:金雪军和王义中(2006)总结了日元和德国马克的升值路径的差异,发现日元采用"政府主导型升值",而德国马克采用"市场主导型"升值,采用动态优化方法,求解了人民币升值的最优路径。"市场主导型"升值宜采用单一货币政策规则,若产出的预期汇率弹性小于资本可流动下产出的利率弹性,最优汇率升值路径为单向变动的一条曲线。而在"政府主导型"升值下,若产出的预期汇率弹性大于小于产出的利率弹性,最优升值路径显现出阶段性特征,我国政府可选择"先贬后升"、"先升后贬"的升值策略。李继峰等(2010)利用一般均衡模型(SIC-GE)定量刻画了人民币升值对实体经济的短期影响。比较一次性升值和阶梯性升值政策影响的差异:假设人民币在 2010 年一次升值 3%以及从 2010—2012 年每年升值 1%的阶梯性升值方式,进行测算分析的结果表明,一次升值 3%会使 2010 年我国出口相比基准情景下降 4.08%,GDP 减少 0.27%,就业下降 0.52%,CPI 下降 1.17%。3 年逐次小步升值对出口的累积影响为−2.45%,比一次性升值对 2010 年当年出口的影响低了近 40%。由此可见人民币阶梯性升值情景的累积负面影响是小于一次性大幅升值,对出口、就业和经济增长的波动影响相对较为平缓,同时也更有利于缓解通胀压力。张纯威(2007)指出一般均衡框架下的多方程结构模型相比其他均衡模型具有比较优势,发现在短期内汇率的升值速度与货币当局干预强度反向相关。在产出的汇率预期弹性大于利率预期弹性时,为了避免升值对我国实体经济运行造成负面冲击,适当的干预汇率政策是必要的,同时也要辅之以外贸及资本管制政策来缓解升值压力。

2.2.3 汇率管理的调控时机

人民币汇率调整时机的管理研究主要有以下几种观点:

一是基于国内外经济、政治环境考虑调整时机的选择:张曙光(2005)指出"在经济基本面较好和发展较快时操作比较有利,在资本账户管制的情况下,风险较小;在升值压力大的情况下操作,风险大"。张斌(2010)认为"在美元贬值的背景下,这将使升值在抑制人民币升值预期和投机资本流入方面不如钉住一揽子货币,不如一次性升值"。

二是考虑已有的制度因素对汇率选择的影响。张明和何帆(2010)指出在资本项目短期内难以全面开放的背景下,最适宜的方式应是增强汇率形成机制的弹性,更多地由市场力量去自发寻找适宜的人民币汇率水平。谭秋梅和陈平(2009)在非抛补利率平价模型中引入解释中国情况的制度偏离因子,通过比较汇率市场化下与非市场化下政府的损失函数来探讨汇率市场化的时机与汇率市场化调整与出口政策导向、政府声誉成本、政府偏离因素的关系。从出口政策导向来看,在发生金融危机后,我国政府担心人民币升值会拖累出口和经济增长,对汇率形成机制的市场化改革有所犹豫,并通过停止了人民币的升值,来延缓出口的过度下滑。

2.3 外汇市场风险溢价的研究综述

汇率,作为一种资产价格,其波动与走势不仅受到客观经济环境与条件的影响,还与货币市场上人们的主观偏好有关,投资者对持有风险资产需要高于无风险收益率的额外补偿,风险溢价不仅是微观资产定价的核心因素,也是金融宏观经济学中研究的热点问题之一。依据经济显现指标,对汇率相关政策的适时调整,只有充分把握"风险溢价"这一主观因素与汇率波动之间深层次关系,才能有效进行汇率政策的适时调整基础。

2.3.1 风险溢价的内涵与度量

投资者在持有风险资产时需要高于无风险收益率的额外补偿。而补偿的数量是风险溢价的度量问题,是近年金融理论的一个研究焦点。本节综述就风险溢价的相关概念及及其度量形式给予探讨。研究方法主要有两种:一种是基于静态 CAPM(Capital Asset Pricing Model)模型,一种是基于 Lucas(1982)理性预期理论的一般均衡方法中的跨期动态最佳消费选择理论。

一、静态资产定价理论中的风险溢价

风险的存在源于事件发生的不确定性。Frank H. Knignt 在《风险、不确定性与利润》一书中,解释了三者的关系。

不确定性是指 $a_i \in A = \{a_1, a_2, \cdots, a_n\}$ 发生的概率 $P(a_i)$ 不是 100%。而风险是指实际结果与人们期望结果之间的离差。所以事件 A 的期望值等于 $E(A) = P_1 a_1 + P_2 a + \cdots + P_n a_n$。选择 a_i 的风险则是指 $|a_i - E(A)|$。

事件 A 的风险则可度量为:

$$|a_1 - E(A)|P(a_1) + |a_2 - E(A)|P(a_2) + \cdots + |a_n - E(A)|P(a_n) \qquad (2.2)$$

这就是风险的基本内涵,当把这个定义用来解释资产的风险时,不确定性就是指资产未来收益率的不确定性,由此带来的风险就是资产的风险。根据 Markowitz(1952)提出的资产组合模型,投资组合的预期收益和风险分别表示为(2.3)和(2.4)式:

$$E(R_p) = \sum_{i=1}^{n} W_i E(R_i) \qquad (2.3)$$

其中,W_i 是资产 i 在组合中的比重,$E(R_i)$ 是资产 i 的预期收益率。

$$\sigma_p = \sqrt{\sum_{i=1}^{n} W_i^2 \sigma_i^2 + \sum_{i=1}^{n} \sum_{j=1}^{n} W_i W_j \mathrm{cov}_{ij}} \qquad (2.4)$$

其中，σ_p 是组合 P 的标准差；σ_i^2 是资产 i 预期收益率的方差；$\mathrm{cov}_{ij} = r_{ij}\sigma_i\sigma_j$ 是资产 i 和 j 的协方差。

夏普、林特纳和莫辛等根据资产组合模型进一步提出资本资产定价模型（CAPM）。从对资产组合分析方法看，资本资产定价模型最重要的创新就是无风险资产的刻画和定义。

在资本资产定价模型中，风险资产的收益波动性用等式（2.5）表示：

$$\sigma = \sqrt{\sum_{i=1}^{n} [R_i - E(R_i)]^2 P_i} \qquad (2.5)$$

其中 $[R_i - E(R_i)]$ 表示风险资产预期收益率的变化；P_i 是风险资产预期收益率的概率分布。将无风险资产定义为零方差资产（$\sigma = 0$），无风险资产的零方差意味着它对资产组合的风险值为 0，无风险资产的预期收益率是确定值（$P_i = 1$），这个确定值（$E(R_i) = r_f$）就是无风险利率。这样，与之相对应，未来收益不确定的风险资产就可以表示为 CAPM 模型定义的无风险资产附加一定风险投资收益，用资本资产定价模型表述风险资产预期收益必然存在的数量关系，即：

风险资产预期收益率＝风险溢价＋无风险利率

$$E(R_i) = \text{Risk premium} + r_f \qquad (2.6)$$

$$E(R_i) = \frac{E(r_m) - r_f}{\sigma_m^2} \sigma_{im} + r_f \qquad (2.7)$$

其中，r_m 表示市场收益率，σ_m 表示市场组合方差，σ_{im} 表示该资产与市场组合的协方差。当 $\beta_i = \dfrac{\sigma_{im}}{\sigma_m^2}$，则 CAPM 可以表达为（2.8）式：

$$E(R_i) = r_f + \beta_i (E(R_m) - r_f) \qquad (2.8)$$

资本资产定价模型提出了度量风险资产的基本标准：要获得高于无风险利率的收益，就需要承担相应的不确定性。

风险偏好是人们对待风险的态度可以由效用函数的凹凸性来表示。效用函数的凹形表示人们对于风险的态度是规避的；效用函数的线形表示消费者对风险持中立的态度；效用函数的凸形表示人们对于风险的喜爱。

阿罗（1970）与帕拉特（1964）提出了关于风险规避程度的数学度量：

$$R_a(w) = \frac{-u''(w)}{u'(w)}$$

其中，$u(w)$ 表示效用函数，w 表示收益。

对于承担风险的人来说，如果是喜欢风险的则 $R_a(w) < 0$；如果是风险中立的，则 $R_a(w) = 0$，如果是风险规避者，则 $R_a(w) > 0$[①]。

二、跨期动态定价模型中的风险溢价

在对风险与收益之间的关系考察时，CAPM 是仅考虑单期的静态模型，然而投资人在做资产组合选择时，也会将未来的投资机会纳入到考虑范围内，以此来进行跨期选择达到最适决策，所以风险不仅由当期资产报酬和市场报酬的变动决定，也应考虑未来市场变动的风险。Merton(1973)的研究，从极大化一生消费效用的基础出发，将单期 CAPM 模型延伸为跨期模型，建立跨期资产定价模式(Intertemporal CAPM，ICAPM)。由于在多期设定下，投资人会以未来的消费和投资机会来做出最适决策，但跨期消费和投资组合选择的问题为非线性，要导出多期间的模型参数较为困难，因此 Merton(1973)从连续时间来看消费和投资组合选择的问题，将决策时间分割为无限小，使模型在每一区间都成为线性的问题。Campbell(1993)将连续性的资本资产定价模型改为间断性的资本资产定价模型，并且 Campbell 和 Cochrane(1999)在此基础上提出了随机贴现因子的理论框架。

随机贴现因子理论的基本定价公式是

$$P_t = E_t(M_t X_t) \tag{2.9}$$

其中，X_t 是任意资产在 t 时刻的收益，这种收益可以是确定的，也可以存在不确定性。M_t 为随机贴现因子(Stochastic Discount Factor，SDF)，即可以将资产未来 t 时刻的收益"贴现"。在部分文献中，也将随机贴现因子定义为定价核(pricing-kernel)，为资产在 t 时刻的价格。

随机贴现因素中包含了对不确定性的调整，也包含了货币的时间价值用来反映真实的贴现因素。将上式除以价格后，可得

$$E_t(M_{t+}R_t^i) = E_t\left(M_{t+1}\frac{X_{t+1}}{P_{t+1}}\right) = 1 \tag{2.10}$$

这里 R_t^i 表示资产 i 的实际回报率，即单位资产的到期回报率。$R_t^i = 1 + r'_{t+1}$，其中 r_t^i 即为通常所知的资产收益率 $r_t^i = \dfrac{P_{t+1} - P_t}{P_t}$，将上式进一步分解可得：

$$E(M_{t+1}R_{t+1}) = E(M_{t+1})E(R_{t+1}) + \text{cov}_t(M_{t+1}, R_{t+1}) \tag{2.11}$$

---

① 详见平新乔.微观经济学十八讲[M].北京:北京大学出版社,2001:62.

$$E_t(R_{t+1}) = \frac{1 - \mathrm{cov}_t(M_{t+1}, R_{t+1})}{E_t(M_{t+1})} \tag{2.12}$$

如果投资是无风险投资，则有 $R_r = 1 + r_t^f$，超额风险收益率为

$$R_t^i - r_t^f = -(1 + r_t^f)\mathrm{cov}_t(M_{t+1}, R_{t+1}) = -(1 + r_t^f)\mathrm{cov}_t(M_{t+1}, r_{t+1} - r_t^f)$$

则风险溢价可以用下式表达：

风险溢价＝单位风险的定价（Price of Risk）×风险量（Quantity of Risk）

$$= -(1 + r_t^f)\mathrm{cov}_t(M_{t+1}, r_{t+1} - r_t^f) = \beta_t \lambda_t$$

其中 $\beta_t = \text{Price of Risk} = -(1 + r_t^f)\dfrac{\mathrm{cov}_t(M_{t+1}, r_{t+1} - r_t^f)}{SD_t(r_{t+1} - r_t^f)}$

$\lambda_t = \text{Quantity of Risk} = SD_t(r_{t+1} - r_t^f)$，$SD_t$ 为标准差。

而对于如何选择 M_{t+1}，基于消费的跨期资产定价模型（Consumption CAPM，CCAPM）认为投资者在跨期消费中的消费效用函数决定了当期消费倾向的大小，如（2.13）式：

$$M_{t+1} = \frac{\beta U'(C_{t+1})}{U'(C_t)} \tag{2.13}$$

而随机贴现因子 SDF 受到风险偏好的影响，当效用函数是时间可分时，有（2.14）式成立：

$$E_t\left(R_{t,T}\frac{\beta U'(C_{t+1})}{U'(C_t)}\right) = 1 \tag{2.14}$$

C_t 表示对应期限的消费，$U'(\cdot)$ 表示效用函数的一阶导数，进一步风险溢价可写成：

$$\text{Risk Premium} = \ln(E_t R_{t+1} / R_{ft}) = \mathrm{cov}_t(\Delta c_{t+1}, r_{t+1}) \tag{2.15}$$

与传统的定价模型相比，随机贴现因子的提出能够对投资风险收益刻画。以宏观经济因素为基础，从间接定价的角度（如 CAPM 模型等）引入到直接定价的视角，SDF 模型中的风险由宏观因素如上面分析的消费量波动的条件方差来刻画。在基于消费的资产定价模型中，风险的偏好程度随着时间的改变而改变。这个特点 Campbell 和 Cochrane(1999)从消费习惯的角度给予了解释：通过对代表性消费者效用进行建模，揭示了消费习惯与之前的消费量成正比，对消费量正向的冲击能够使风险偏好降低，而对消费量负向的冲击使风险的规避程度增强。风险偏好的变化使消费的边际效用与资产回报的相关程度提高。除了消费变量之外，Brandt 和 Wang(2003)加入了通货膨胀率影响，他们从社会总体的风险偏好出发，解释了总体风险偏好会对通货膨胀率的改变做出的反应，但是对经济增长以及通货膨胀的风险无法明显地做出反应。风险承受能力

强的投资者更具有意愿持有名义资产。Alvarez 等(2009)通过建立一般均衡模型,认为货币供应量持续性地增长能够改变风险偏好。

2.3.2　汇率风险溢价的界定与影响因素

汇率作为两国间货币的比价,在国际贸易和资产交易的过程中同时影响着商品市场和资产市场。基于风险溢价的汇率理论考虑投资者对该种资产所要求的额外风险补偿是如何影响汇率的动态变化过程的,这需要对外汇风险溢价的表现形式、形成原因和动态波动特征进行研究。

一、汇率风险溢价的表现形式

汇率的风险溢价表现为对非抛补套利假说的偏离。非抛补利率平价理论认为预期汇率的变化会受到两国利率差异的影响。两个国家利率的差额等于预期汇率变化的差额。风险中性的投资者会通过国际资本市场套利最终使高利率货币在未来贴水,低利率国货币在未来升水。而诸多的实证研究发现了"远期升水之谜"即高利率货币在未来会升值,而低利率货币在未来会贬值。

对于 UIP 假说的检验最早的实证研究为 Hansen 和 Hodrick 1983)、Fama (1984)。他们观察了比利时法郎、加元、法国法郎、意大利里拉、日元、荷兰盾、瑞士法郎、英镑和德国马克的走势后发现,系数的估计值为0.58,标准差为0.13。McCallum(1994)使用美元兑日元、马克和英镑的月度汇率数据得出的回归系数为−4。Froot 和 Thaler(1990)认为只有少数系数回归的结果会大于 0,但是也远远小于 1。还有一些学者认为由于计量方法上的局限性,无法验证UIP 假说是否成立。Baillie 和 Bollerslev (2000)认为 UIP 假说无法通过实证检验,是因为小样本偏误(Small Sample Bias)的存在。Maynard 和 Phillips (2001)认为由于汇率的持续性波动与远期溢价的存在,使得被解释变量为平稳序列,而解释变量存在单位根,这就会使残差左偏,使系数趋向于 0。Liu 和 Maynard (2005) 认为通过 Stochastic Partial Break 模型可以验证远期溢价具有波动持续性。Choi 和 Zivot (2007)强调由于没有考虑结构转变,远期溢价的波动才具有较高的持续性。Sarno 等(2006)、Baillie 和 Kiliē(2006) 考虑当序列具有非线性特性时,UIP 假说也无法被验证。Sarnē 等(2006)发现使用货币高额收益率作为过渡变量时,汇率预期变化和 UIP 的情况较为接近。Baillie 和 Kiliē (2006)使用滞后期的风险调整溢价作为过渡变量,发现只有在风险溢价比较小或者为负数的时候才使 UIP 假说无法满足,当风险溢价较大的时候,UIP 假说成立。Bansal(1997)、Bansal 和 Dahlquist(2000)也认为,当利率差为负数的时候，UIP 假说成立。Chinn（2006）认为即使回归区间发生变化，该结果也显著成立，但是随着期限的增加（长于一年），这种效应会消除。Chaboud 和 Wright（2005）采用日间数据进行回归时，并未发现 UIP 偏离的现象，这说明在极短期内，风险溢价并不存在（Alexius，2001）。Chinn 和 Meredith（2005）以及 Chinn（2006）认为在超过一年的期限内，这种偏离也在逐渐衰弱，在极短期和长期内，汇率风险都会消失，货币政策、风险溢价和汇率预期波动都会降至非常低的水平。

还有文献研究了风险溢价随时间变化的特征。Holtemöller（2005）发现风险溢价只有在国内外利差符合一阶协整过程，而汇率变化率是平稳的时候才具有平稳的特性。非平稳的风险溢价说明国内外资产相互之间并不能有效替代，并且还发现风险溢价波动性较高的货币风险溢价也相对较高，UIP 的偏离程度也随之增加。

由于利率平价中使用的是名义汇率，Engel（1996）还指出这种偏离源自于人们对实际外汇收益而不是名义收益的关注。因此也有文献对实际汇率与国内外利差之间关系的验证，Hollifield 和 Yaron（2001）验证了实际汇率是否符合 UIP 的假说，发现通货膨胀率与货币收益率之间不存在明显关系。Lustig 和 Verdelhan（2007）发现实际消费总量的增长风险能够在货币市场上被定价。

对于 UIP 假说不成立的原因，诸多文献也从理论层面做了探讨。基本观点主要可以分为以下两类。一类是从基于风险视角；一类是风险以外的视角。后者主要从两个方面揭示了其中的原因：一是中央银行对外汇市场的干预措施（McCallum，1994；Anker，1999；Christensen，2000；Baillie & Bollerslev，2000；Alexius，2002；Chinn & Meredith，2004；Mark & Moh，2003），Alexius（2002）建立了考虑通货膨胀中央银行的预期损失函数模型，说明当央行力图平滑汇率时，必然会造成 UIP 的偏离。Mark 和 Moh（2003）发现在央行对外汇市场干预密集时，偏离 UIP 的情况就出现的较多。二是微观交易者与交易机制方面的探讨限制，Hollield 和 Uppal（1997）、Verdelhan（2010）认为是由于交易成本的存在，Alvarez、Atkeson 和 Kehoe（2009）提出是由于市场的分割效应，Bacchetta 和 Van Wincoop（2006）发现是由于市场交易者对信息关注程度的不对称（Villanueva，2005），Sarno 等（2006）认为是因为外汇市场上的套利行为受到了限制。

从风险角度的解释主要有三种：一是从长期风险（Long Run Risk）的角度，Bansal 和 Shaliastovich（2008）、Colacito（2006）利用 Bansal 和 Yaron（2004）提

出长期风险的模型给予解释;二是 Farhi 和 Gabaix(2008)利用经济周期中的不定期灾难性风险(Disaster Risk)对此给出解释;三是从风险溢价的角度。

Lewis(1995)强调风险溢价时变性(time-varying)特征是使 UIP 假说无法成立主要原因。Bekaert(1996)认为基于风险调整的 UIP 模型,打破了国内外利差与汇率预期变动率之间等式关系,时变的风险溢价具有动态特征;从随机贴现因子(定价核)的角度,Backus、Foresi 和 Telmer(2001)认为风险溢价可以写成两国定价核高阶距项的差。

Verdelhan(2010)、Lustig 和 Verdelhan(2007)利用 Campbell 和 Cochrane(1999)提出的习惯偏好模型(External Habit Preference)解释了 UIP 偏离的原因。Verdelhan(2010)认为由于反周期的风险溢价和顺周期的利率都是内生化的,在国内经济衰退的时候,消费者的消费接近于习惯消费值(habit-level),定价核(pricing-level)波动较大,代表性投资者的风险规避程度增强,当本国投资者的风险规避程度强于外国投资者时,汇率波动与国内的消费增长冲击相关。因此投资者期望在汇率收益中得到正的超额收益。这是因为在经济衰退时,利率较低,货币市场投资的超额收益率就会随着利率差异的增加而增加,由此就可以来解释 UIP 偏离。Bekaert(1996)、Bansal 和 Shaliastovich(2012)、Lustig 和 Verdelhan(2007)检验了基于消费的风险溢价对外汇波动的影响,发现基于消费的解释往往出现的问题是消费的波动比汇率的波动低。Backus 和 Smith(1993)提出了实际汇率的波动往往要小于总消费的波动,即"Backus 和 Smith 之谜"。对如何消除而这波动性的差异,也有文献给出了解释。Alvarez 等 Jermann(2001)、Lustig 和 Van Nieuwerburgh(2005)和 Fernando Alvarez(2009)认为风险是由边际投资者的消费偏好来定价的,并没有用总消费来反映投资者的风险偏好,而是采用了有限参与(Limited Paticipation)模型。Verdelhan(2010)考虑了两国间贸易的情况,认为当引入贸易成本时,也可以削弱这两种波动性的差异。

二、影响汇率风险溢价的因素分解

针对发现的远期溢价之谜这一现象,由于货币市场上投资者对不同货币的风险偏好不同,偏离 UIP 的风险溢价是因为在不同国家投资于不同币种的资产所承担的风险补偿存在差异。在资本资产定价模型中,只有与系统性风险相关的部分能够获得风险补偿收益,这一方面的研究主要从两个方面展开:一是基于静态资本资产定价模型;二是从随机贴现因子角度着眼的基于动态资本资产定价模型。

Bansal 和 Dahlquist(2000)、Francis 等(2002)和 Tai(2003)将 CAPM 模型

引入到偏离 UIP 风险溢价的分析中。Bansal 和 Dahlquist（2000）根据 Fama 和 Macbeth（1973）提出的截面回归方法对风险进行定价。他们在 UIP 的框架下，采用了单一因素和国别因素对 34 个发达国家和新兴市场的货币超额风险进行了度量，验证了货币的超额收益率是否与国别因素和系统性风险的相关程度有关。Francis 等（2002）使用了 Fama-French（1993）的三因素模型对 1980—2000 年 9 个新兴市场的货币超额收益率进行了估计。通过加入能够反映金融风险和未来经济增长率的因子，发现偏离 UIP 的超额收益是由系统性风险决定的，运用多变量的 GARCH 模型，发现了风险溢价的时变特征。Tai（2003）使用了国际 CAPM 模型，对东亚四国在 1986—1998 年间的汇率风险溢价进行估计，发现其具有时变特点，并认为这主要是来源于汇率风险。

使用跨期动态模型对汇率的研究主要是对汇率波动中的收益率预测。这是基于对随机贴现因子（Campbell & Cochrane，1999）的分解。

Fama（1984）将两国利差分解为远期升贴水与预期汇率变动之差 q_t 和外汇风险溢价 p_t，即有 $i_t - i_t^* = f_t - s_t = (f_t - E_t S_{t+1}) + (E_t s_{t+1} - s_t) = p_t + q_t$。为验证非抛补套利均衡，这里假设 $p_t = 0$，则 $s_{t+1} - s_t = c + b(i_t - i_t^*) + residuals$。

为验证 UIP 假说，即验证回归系数 b 即可

$$b = \frac{\text{cov}(q_t, p_t + q_t)}{\text{var}(p_t + q_t)} \tag{2.16}$$

Fama 指出 $b < 0$ 的必要条件是：$\text{cov}(p_t, q_t) < 0$，$\text{var}(p_t) > \text{var}(q_t)$，假设标准定价核为 m_{t+1}，当 b_t^n 为本币 n 期零息债券在第 t 期的价值，则有 $b_t^{n+1} = E_t m_{t+1} b_{t+1}^n$。

Backus、Foresi 和 Telmer（2001）将 Fama（1984）对汇率风险溢价的分解用随机贴现因子，即定价核（Pricing Kernel）的概念重新表示为：

$$s_{t+1} - s_t = \lg m_{t+1}^* / m_{t+1} \tag{2.17}$$

而 $i_t - i_t^* = \lg E_t m_{t+1}^* - \lg E_t m_{t+1}$

$$q_t = E_t \lg m_{t+1}^* - E_t \lg m_{t+1} \tag{2.18}$$

$$p_t = \text{var}_t(\lg m_{t+1}^*)/2 - \text{var}_t(\lg m_{t+1})/2 \tag{2.19}$$

其中，m_{t+1} 和 m_{t+1}^* 分别表示国内和国外的实际定价核（Real Pricing Kernel）。

风险溢价为 $q_t = E_t \lg m_{t+1}^* - E_t \lg m_{t+1}$，表现为国内与国外实际定价核的对数形式的预期差，假设 $\lg E_t m_{t+1} = E_t \lg m_{t+1} + \frac{1}{2} \text{var}_t(\lg m_{t+1})$，则在这种情形下，$q_t = p_t$。Bakshi、Carr 和 Wu（2008）、Brandt、Cochrane 和 Santa-Clara（2006）、

Colacito(2008)、Colacito 和 Croce (2011)强调了基于随机贴现因子的宏观因素的波动是低于汇率波动因素的。还有一些文献表明通过随机波动因子对汇率波动的影响还需要考虑全球风险,Lustig 等(2009)指出对国别风险和全球风险必须给予差别定价,而随机贴现因子与这两种风险有关,每一种风险在市场上获得的风险溢价都是不同的,全球风险的冲击只和反映世界经济波动的变量有关,这些观点为汇率波动和走势的形成融入了经济周期波动的因素。

三、影响汇率风险溢价的因素

汇率风险溢价的来源主要有以下四种:

一是经济波动的周期性因素。Lustig 等(2010)发现对持有美元的投资者来说,预期汇率的收益率可以由两部分组成,分别是美元风险溢价和外汇利差交易溢价(Carry Trade Premium)。前者主要与美国经济的波动风险有关,而后者与世界经济的波动风险有关。而汇率风险收益呈现逆周期波动的态势,即经济繁荣时风险溢价低,而经济衰退时风险溢价较高。所以宏观金融变量通过风险溢价渠道可以对汇率未来的定价产生影响。李小平等(2010)基于美日基准利率差和 CPI 同比指数的差值,利用随机折现方法,建立了远期汇率风险溢价的宏观理论模型,进一步将宏观模型推广到整个期限,建立风险溢价关于期限的函数,利用 GMM 方法估计风险溢价宏观模型的参数,并进一步利用风险溢价的 VAR 模型,考察了宏观因素对不同到期期限风险溢价的影响和不同到期限风险溢价之间的相互关系,发现风险溢价绝对值的均值随期限的增大而增大,但两国基准利差和 CPI 同比指数差值仅对风险溢价的期限结构短端的影响较大。郑振龙和邓弋威(2010)利用随机贴现因子的框架探讨了外汇风险溢价与相关两国的宏观经济波动关系,发现外汇风险溢价与两国的经济波动及两国经济波动的相关程度有关:当两国经济平稳,两国经济波动相关性很高时,外汇的风险溢酬将近似于零均值白噪声;而当经济危机爆发时,汇率风险溢酬将表现出巨大的波动。

二是基于货币政策冲击对汇率预期及其波动所产生的影响。这方面的研究主要从货币规则出发,解释不同货币规则下,汇率风险溢价的变动情况。McCallum(1994)认为将稳定汇率作为货币政策调整的目标,通过调整利率工具来影响国内外利差和汇率预期变化率。中央银行通过利率政策对汇率波动率的反应也会影响汇率预期与国内外利差的关系。Chinn 和 Meredith(2004)拓展了 McCallum 模型,加入了利率政策对产出和通货膨胀率的反应,发现 UIP偏离现象仍然来自与货币政策对汇率的反应。Alvarez 等(2009)通过建立一般均衡模型,发现货币供应量持续性地增长,通过改变风险溢价水平,使汇率的变化符合随机游走模型。Ferreira (2004)将 McCallum (1994)的政策调整目标中加入了通货膨胀率和产出缺口的波动,发现货币政策确实是 UIP 偏差产生的原因之一。

为了考虑货币政策因素对汇率风险溢价的影响,必须区分名义变量和实际变量,考虑通货膨胀率水平。在这方面的研究都是基于 Lucas(1982)提出的国际资产定价模型。该模型的基本等式是

$$\frac{S_{t+1}}{S_t} = \frac{n_{t+1}^* e^{-\pi_{t+1}^*}}{n_{t+1} e^{-\pi_{t+1}}} \tag{2.20}$$

其中 S_t 为名义汇率(直接标价法),n_t 表示国内消费者的跨期边际替代率。π_t 是国内膨胀率,而 π_t^* 表示外国通胀率。该等式揭示了利率、名义汇率、实际汇率、消费和偏好之间的关系。Backus 等(2010)将货币政策依据 Taylor(1993)提出的泰勒规则引入式(2.20)中,使得通胀率和跨期边际替代率之间不再相互独立,这也有助于解释名义与实际利率之间的互动关系。Backus 等(2010)假设了最简单的泰勒规则形式,尚未考虑产出缺口,只考虑了通货膨胀率的变化:$i_t = \tau + \tau_1 \pi_t + z_t$,其中 i_t 为名义短期利率,π_t 为通货膨胀率,z_t 为货币政策冲击变量,而 τ 和 τ_1 为政策变量。假设私人部门买卖债券,则名义利率满足标准的欧拉方程。$i_t = -\lg E_t n_{t+1} e^{-\pi_{t+1}}$,其中 n_{t+1} 为实际的边际替代率,而通货膨胀率根据上式必须满足 $\pi_t = -\frac{1}{\tau}(\tau + z_t + \lg E_t n_{t+1} e^{-\pi_{t+1}})$。因此,对于内生性的通货膨胀率而言,将其带入欧拉方程中,就可以得到 Gallmeyer 等(2007)提出的与货币政策相关的定价核(Monetary Policy Pricing Kernel),也就是说定价核与泰勒规则的变量 τ 和 τ_1 相关,这个因素将影响汇率的走势,基于此就可以分析货币政策的变化对汇率波动的影响。Backus 等(2010)还分析了货币政策根据 McCallum(1994)规则制定时,汇率风险根据通货膨胀率的变化所产生的内生性变化,发现货币政策对风险溢价波动做出的反应,是使汇率利率关系偏离 UIP 假说的原因。

Cochrane(2001)指出货币政策规则与通货膨胀率的波动存在相关性,从汇率的波动中提取货币政策变量,可以回答泰勒规则引起通货膨胀率的变化是否会影响到汇率的定价。

　　三是基于预期机制：Lewis（1995）分析了"比索问题①"是如何导致了偏离 UIP 的风险溢价形成。若市场预期汇率在未来会发生突变，但是这个突变在长期都尚未实现，这时"比索问题"就出现了。偏离 UIP 条件的风险溢价会通过以下机制发生：当市场预期未来的汇率值在长时期内都没有实现时，汇率预期值和实际值就会发生系统性偏离，这种持续性偏离会使风险溢价是未来汇率值的一个有偏估计。

　　四是制度性因素。对新兴市场国家与发达国家而言，面临金融市场化程度不高、资本账户尚未完全开放、资本国际流动限制等条件制约，这些制度性因素，对汇率波动及其风险溢价是否能产生影响呢？也有学者进行了大量的研究：

　　Francis 等（2002）通过对偏离 UIP 假说的溢价效应进行研究来验证金融市场化改革的效果。他们发现在金融自由化改革后三个拉美国家的货币超额收益率和波动性后显著提高，而土耳其等国的货币超额收益率大幅降低。Mansori（2003）验证了与 20 世纪 90 年代相比，欧元在使用后这些国家偏离 UIP 条件的汇率风险溢价逐渐降低。Baharumshah 等（2005）分析了亚洲十个新兴市场国家的货币对日元的实际利率平价假说在金融自由化之后成立。

　　Goh 等（2006）利用马来西亚在 1978—2002 年这段时期的数据，采用 Hamilton 和 Susmel（1994）提出的 Switching ARCH 模型，验证了利率市场化、货币危机、汇率管制、经济衰退等经济制度变化是否对偏离 UIP 的风险溢价发生能够产生影响，他们发现随着金融市场化的程度提高，政治经济局势稳定，风险溢价的波动程度逐步降低。

　　对于发展中国家而言，还必须考虑政治风险和违约风险，即使是风险中性的投资者对于这两项引起的风险也会要求额外的风险回报。在 UIP 模型中，只是用利率差与预期汇率波动率之差来表示风险溢价，无法有效区分其中包含的各项风险，Misirli 和 Alper（2009）将国内外利差进一步分解：$i_{t,k} - i_{t,k}^{*} = (i_{t,k} - i_{t,k}^{f}) + (i_{t,k}^{f} - i_{t,k}^{*}) = (i_{t,k} - i_{t,k}^{f}) + (i_{t,k}^{EB} - i_{t,k}^{*}) + (i_{t,k}^{f} - i_{t,k}^{EB})$。其中，$i_{t,k}$ 表示本国境内的本币资产的利率；$i_{t,k}^{f}$ 表示本国境内外币资产的利率；$i_{t,k}^{EB}$ 表示本国资产在国

---

① Rietz（1988），Brown，Goetzmann 和 Ross（1995），Danthine 和 Donaldson（1999），Goetzman 和 Jorion（1999a，b）发现了"比索问题"。在 20 世纪 80 年代，墨西哥的平均资产收益率持续高于美国的同类资产，由于人们对墨西哥比索在未来存在贬值预期，因而大家普遍认为比索的币值被高估了，基于此，人们预期比索在未来的某一天必定要贬值。"贬值"表明人们所持有的比索资产在下一期只能换回较少的外国货币。所以，投资者仅愿意支付较小价格来购买比索资产，因而比索资产的平均收益率较高。这一现象被一些学者称为"比索问题"。

外用外币计价的利率，$i_{t,k}^*$ 表示外币资产在外国境内的利率。第一项 $(i_{t,k} - i_{t,k}^f)$ 表示本国境内国内外资产的利差，这一项为汇率风险溢价仅与汇率的波动有关；第二项 $(i_{t,k}^{EB} - i_{t,k}^*)$ 是两种资产在国外使用外币计价的利率差，表示违约风险溢价；第三项 $(i_{t,k}^f - i_{t,k}^{EB})$ 是本国资产使用外币计价在国内外的利差，表示政治风险溢价。后两项可以用来表示国家风险的风险溢价。进一步地

$$\rho_t = (i_{t,k} - i_{t,k}^*) - \Delta s_{t+k}^e = (i_{t,k} - i_{t,k}^f - \Delta s_{t,k}^e) + (i_{t,k}^{EB} - i_{t,k}^*) + (i_{t,k}^f - i_{t,k}^{EB}) \quad (2.21)$$

(2.21)式可写为 $\rho_t = \rho_t^E + \rho_t^D + \rho_t^P$，其中 ρ_t^E 表示投资者要求的汇率风险补偿，ρ_t^D 表示资产的违约风险溢价补偿；ρ_t^P 表示同一资产在跨国流动时所要求国别风险补偿。Frankel 和 Okongwu（1996）、Domowitz 等（1998）对 20 世纪 90 年代墨西哥的汇率风险和国别风险溢价的比较发现：汇率的风险溢价更高，而且波动更大。所以推断在这个阶段偏离 UIP 的风险溢价更多地来自于汇率风险而不是国别风险。

还有一些文献将汇率风险与国别风险通过宏观变量联系起来，希望对市场风险定价给予度量。Schmukler 和 Servén（2002）对阿根廷的汇率风险溢价研究发现，汇率风险溢价与出口额和外汇储备的比值，贸易逆差和 GDP 的比值，公共财政赤字和 GDP 的比值，以及银行的流动性指标等有关。Rojas-Suarez 和 Sotelo（2007）分析了违约风险与利率之间的关系，发现违约风险溢价不是国内外利差的格兰杰因果原因，因此 UIP 的回归是一个有偏的估计，并且违约风险确实与其他宏观经济变量相关，如外债与政府支出之比，政府负债与银行资产之比，还有全球流动性条件等。Werner（1996）发现了汇率时变的风险溢价与政府的外币债券之间的比例相关，而 Bratsiotis 和 Robinson（2006）对 1997 年亚洲金融危机期间的汇率风险溢价进行度量，发现了它与外币发行的公司债和企业债的比例有关，并提出如果根据 UIP 条件对汇率做出了修正，就可以在金融危机之前预测到亚洲国家汇率未来的变化。Poghosyan（2008）指出汇率风险溢价与以下两个因素相关：一是本币和外币的存款之比；二是中央银行对外汇市场的干预。他们通过对 1997—2005 年的数据验证发现，风险溢价是使 UIP 偏离的主要因素。而且风险溢价随着期限的增加而提高，并通过 GARCH-in-mean-model 的条件方差反映其随时间变化的风险收益水平。

2.3.3　风险溢价视角下的人民币汇率管理

国内对人民币汇率风险溢价问题研究的文献并不多，主要集中在以下几个方向：

一是对偏离抛补套利平价的验证及原因解释。刁峰（2002）通过对无抛补利率平价方程式的残差进行 Q 检验和似然比检验（LR 检验），证明残差不是白噪声过程，从而得出人民币标值的金融资产和美元标值的金融资产是不完全替代的。桂咏评（2008）以 2004—2006 年数据为基础，通过对未抵补利率平价的回归检验，得出中国国内外资产是不完全替代的结论。陈蓉和郑振龙（2009）对人民币 DF 和 NDF 市场上不同期限的美元/人民币远期汇率定价偏差，在理论上和经验上进行了多角度的分解和研究。发现样本期内的远期汇率定价偏差是结构突变的非平稳序列，美元/人民币远期外汇市场上的利率平价并不成立，其定价偏差在本质上是市场预期的中央银行所调控的人民币升贬值幅度与美元资产预期收益率的差异，决定远期汇率升贴水的不再是利率平价，而主要是预期和外汇风险溢酬。并发现对于国际投资者而言，人民币的风险溢酬和系统性风险溢酬为正，而美元的系统性风险则溢酬是负的。郭树华等（2010）以 GARCH 方法和 2002—2009 年的数据，对人民币利率与人民币汇率风险、通货膨胀、中美利差的关系进行分析发现 2005 年 7 月"汇改"之后，人民币汇率风险开始对人民币利率的变化起正向作用，由于汇率弹性的增强，"风险溢价"对利率的推动作用开始显现，根据非抛补利率平价原理，汇率的升值会引起利率的下降。

二是从宏观经济层面对汇率风险溢价产生的影响进行研究。金雪军和王义中（2006）认为风险溢价与本国实际利率、资本管制程度、本国预期通货膨胀率存在关系。金雪军和陈雪（2011）采用 2002 年 1 月至 2010 年 10 月的汇率及宏观数据，利用马尔科夫状态转换方法的自回归条件方差模型研究发现：偏离非抛补利率平价的人民币兑美元汇率风险溢价波动存在明显的状态转换行为。在全球金融危机期间的 2007 年 9 月至 2008 年 8 月和 2010 年 7 月至 10 月，汇率风险溢价处于高波动状态，其余时间段处于低波动状态，并发现汇率、利率、物价水平等货币性因素的波动性在两种状态下存在显著差异，而生产和消费非货币因素的波动性并不存在显著差异，而且资本管制和汇率稳定政策能够降低人民币汇率风险溢价的波动性。

基于风险溢价视角，诸多学者对涉及人民币汇率管理问题也进行了研究，主要讨论了央行对人民币币值的干预与汇率制度改革如何能够充分顾及国际资本流动与金融市场的稳定性之间的协调关系。

首先，是从金融市场稳定性的角度进行的研究，周虎群和李富有（2011）发现风险溢价因素取决于汇率预期，汇率市场上的投机者预期随机干扰的方差越大,就会影响预期汇率与实际汇率的方差,提高本国利率水平,进而影响货币需求,诱发投机冲击。而预期资产价格波动幅度增大,会增加风险溢价,诱使更大规模的投机冲击。此时通过对资本项目进行适当管制,诱发汇率投机的概率会降低,但使资产价格受到的投机冲击概率会增加。

其次,是以不同汇率形成机制下的风险溢价变动特征作为研究汇率制度选择的切入点进行的研究。周密(2010)采用似不相关回归模型对人民币汇率制度经历的不同的改革发展阶段进行了分析,结果发现,随着汇率制度从有管理的浮动逐渐向自由浮动发展,汇率市场的有效性逐步提高时,汇率风险溢价系数逐渐减小。刘程和佟家栋(2010)假设当本国为新兴市场时,外国投资者对本国投资的资产存在随机的风险溢价,但该风险溢价与东道国的实际冲击不相关,仅反映投资中的非理性投资因素。在浮动汇率制度下,新兴市场的名义汇率由风险溢价和实际冲击共同决定。当风险溢价上升时,本币贬值,由于浮动汇率对于宏观经济的冲击吸收能力依赖于该国金融环境的发展条件,因此新兴市场的汇率制度退出和转轨决策应当着眼于克服金融约束的关键性门槛。

第三,是从外汇市场对人民币币值干预的角度分析汇率水平及波动管理与风险溢价之间关系所展开的研究。桂咏评(2008)认为外汇干预与风险溢价存在协整关系,风险溢价为一个有限数值,风险溢价是中央银行外汇干预的原因,中央银行外汇干预导致风险溢价以及汇率的变化。朱孟楠和刘林(2008)假设在国内外资产不完全替代下,非抛补的利率平价成立时,货币当局在外汇市场上进行积极的干预,由于资产不完全替代,当投资于国外资产时,在期末转为本币时会存在一个成本,那么投资者在投资国外资产时就要求一个额外的风险溢价来补偿由于资产不完全替代所带来的风险。他们运用 State-Space 模型对偏离非利率平价的风险溢价进行估计,由此影响了利率平价函数。进一步结合央行在亚洲金融危机前后和 2007 年美国次贷危机后的货币市场干预的事实,发现我国中央银行的冲销是部分有效的,有 10% 的外汇占款并没有被冲销掉,这部分未冲销的外汇占款在市场利率和货币乘数的作用下在一定程度上造成了国内货币市场失衡。魏晓琴和古小华(2011)基于资产组合渠道对外汇干预的有效性进行实证分析。他们通过格兰杰因果关系检验,证明了由于汇率的变化导致了央行的外汇干预;同时央行的外汇干预引起了国内利率的变化,进而改变了风险溢价。外汇干预与风险溢价存在协整关系,风险溢价是央行外汇干预的原因而央行外汇市场干预导致了风险溢价以及汇率变化,总体上我国外汇干预是有效的。

2.4　简要评论

从目前的研究现状来看,较多的文献已经讨论了非抛补利率平价条件不成立的情况下,国际资本流动带来的冲击以及汇率形成机制与外汇市场干预行为对汇率风险溢价的影响。但是我国融入国际经济金融体系的程度不断加深、2005 年我国推行汇率形成机制改革、2008 年爆发美国次贷危机以及 2010 年欧洲主权债务问题凸显,在这样全球化逐步深化,风险事件频发的历史时段,传统开放宏观经济研究并未将国际流动资本逐利性动机与全球风险性因素波动紧密联系起来,为了维持我国经济平稳发展的态势,防止国际游资冲击我国金融市场,如何在认识我国人民币风险溢价特征事实的基础上,把握人民币汇率风险溢价与经济周期及全球风险因素之间的关系,这将为人民币汇率形成机制改革下的进程节奏控制与效果评估提供参考性依据,进而对动态管理人民币汇率形成机制做出合理决策,本书的探讨为这个领域的研究开辟了一个更广泛的探讨空间。

3 人民币汇率管理机制：事实特征与趋势判断

【本章导读】 管理机制是汇率形成机制的一部分，汇率形成机制问题不仅仅是汇率制度选择问题，而是定价基础、管理机制和市场机制的综合体。其中的汇率管理机制，是确定汇率变动与稳定的制度框架，涉及市场力量与官方控制两种力量博弈下的汇率定价制度安排。本章回顾了我国人民币汇率管理的演化进程，结合国内外学者的观点从形成机制、钉住的货币参照系、外汇市场干预、汇率波动幅度和与宏观政策搭配等五个方面对 2005 年 7 月之后的汇率形成机制改革之后的事实特征进行了归纳，并就未来汇率管理的趋势进行了初步的判断。

3.1 事实特征

在开放经济体系下，汇率制度是一国对外经济制度的重要组成部分。中国作为全球最大的新兴市场经济体和发展中国家，汇率制度安排受到国际社会和国内社会各界的广泛关注。而汇率形成机制决定于汇率管理制度。纵览我国汇率管理的发展，经历了以下六个重要阶段：

第一阶段：1994 年之前，官方直接规定银行买入、卖出的外汇牌价，采用行政定价的方式决定汇率的水平，当时由于我国较为薄弱的经济基础，竞争力欠缺的国内企业只有采取固定汇率制度，才能保障国内经济的稳定发展，避免受到外部冲击。这个阶段的汇率管理带有行政性管制定价的特征，但是此时官方还是能根据市场供求状况及时调整汇率，意味着市场的力量在汇率形成中也在发挥一定的作用。

第二阶段:自1994年汇率并轨之后,1994年至2005年7月20日期间实行的是单一钉住美元有管理的浮动汇率制度,银行以银行间外汇市场上形成的汇率为基准确定买卖牌价。其突出了市场的基础性作用,企业和个人在需要使用外汇时通过银行进行买卖,银行在银行间的市场进行外汇交易。但汇率波动幅度受到中央银行预先设定的标准限制,中央银行对外汇市场进行干预,以维持汇率的稳定。随着我国宏观经济的发展及对外经济往来的不断加深,汇率并轨的目的之一就是减轻人民币兑美元的升值压力。汇率并轨导致原有高估的人民币价值降低,出口商品的价格优势刺激了出口的大幅增长,改变了原有的贸易赤字状态,并为累积巨额外汇储备奠定了基础。但自1994年开始实施的结售汇制度使经常项目的供给和需求受到一定程度的管制,还未形成有效反映市场力量的机制。

第三阶段:2005年7月21日,我国进行汇率制度改革,并一度延续至2008年6月。这一改革的出台是为了应对国际上不断高涨的人民币升值呼声,人民币兑美元外汇市场升值压力增大。这一突破性变革,开始实施以市场供求为基础、参考一篮子货币进行调节、有管理的浮动汇率制度,7月21日调升人民币汇率2.1%。这次改革改变了我国汇率形成机制,不再单一地钉住美元,而是参考由赋予不同权重的货币所组成的货币篮子,权重根据贸易占比进行调整。这一管理变革不仅增强了汇率形成机制的灵活性,而且还给予了中央银行在外汇市场中与各方力量博弈的主动权。

第四阶段:由于美国次贷危机引发的全球性金融危机的爆发,为降低危机对我国的冲击,从2008年7月起人民币汇率重新钉住美元。

第五阶段:2010年6月19日,中国人民银行宣布重启人民币汇率制度改革,人民币汇率又回到参考一篮子货币定值的有管理的浮动汇率制度。这是由于危机已经逐步缓解,汇率形成机制的改革继续得到了推进,直接导致当月月末人民币汇率单日升值幅度达295个基点。

第六阶段:2015年8月11日,我国央行将人民币兑美元的双边汇率一次性贬值近2%,中间价水平从前一日的收盘日的收盘价6.1162直接升到6.2298,此举对汇率市场产生了一定的冲击。同年12月引入参考"收盘价一篮子货币汇率"的中间价形成机制。中国外汇交易中心2016年1月起每日公布12次人民币兑美元参考价。至此之后,随着人民币开始实施有管理地浮动过程的推进,我国央行采用主动贬值的手段来扭转国际资本市场上的渐进式贬值预期。

本书重点讨论第三阶段之后至第六阶段之前的我国汇率管理的事实特征,

以及对未来汇率管理进行尝试性探讨。图3.1和图3.2分别描绘了我国人民币兑美元名义汇率基准价的平均价及波动幅度。从图3.1、图3.2可以看出,上文区分的第三、第四、第五阶段均有较为清晰的反映:在2005年7月,"汇改"启动后,人民币兑美元出现较为明显的升值趋势,特别是在8月,升值幅度超过了1%,之后趋向缓和。但从2007年末直至2008年初,又出现了新一轮大幅升值的趋势,其中2008年1月至4月,升值幅度连续均在1%以上,这是危机前大量资本流入新兴市场,我国汇率的升值压力又有所剧增。但是危机后,为了防止资金大量流出,自2008年7月开始至2010年5月,人民币兑美元双边名义汇率又维持在682~683之间,相对平稳。随着2010年6月"汇改"的重启,人民币兑美元汇率又进入了新的一轮升值区间。但是这段时期与2005年7月之后"汇改"不同,人民币兑美元双边汇率并没有持续性地升值,在2012年10月左右也出现了短暂的贬值趋势,这与外资流出预期的影响密不可分。

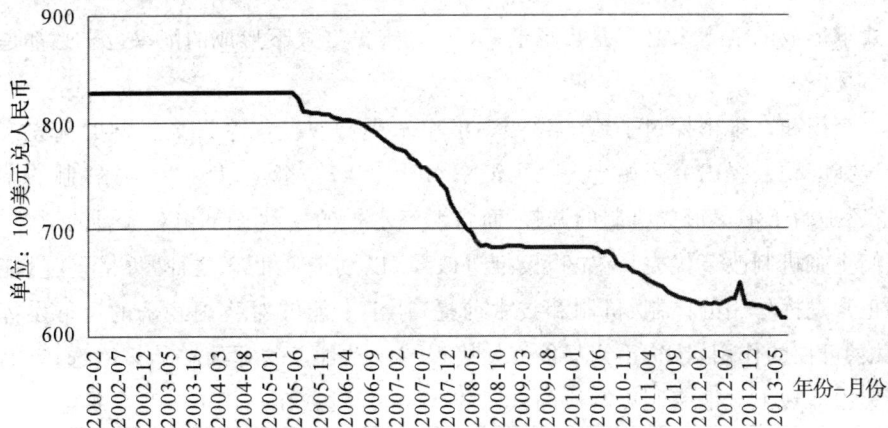

图3.1 我国人民币对美元名义汇率基准价平均价示意图(间接标价法)

从上面的讨论可以看出,人民币汇率形成机制改革的推进就意味着汇率水平波动增加,币值波动与汇率形成机制两者是否存在先后次序呢?从汇率的管理形式上看,张纯威(2004)认为汇率形成机制揭示的是汇率形成的真正方式和主导力量,主要体现在行政力量和市场力量两种。因此将汇率的形成划分为以下两种方式:一是行政定价,即由官方制定和调整;二是市场定价,即在市场交易中形成。在行政定价方式下,如果官方能根据市场供求状况及时调整汇率,那么就意味着市场的力量在汇率形成中发挥一定的作用。在市场定价方式下,如果发挥主导作用的是政府而不是市场,汇率不能灵敏地反映真实的市场供求信息,那么,由此形成的汇率其市场化程度就相当有限。这就是说,市场定价

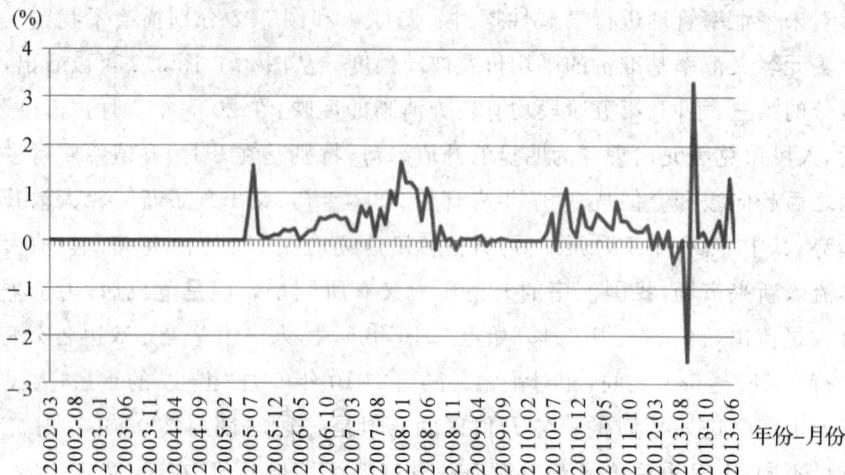

图 3.2　我国人民币对美元名义汇率基准价波动幅度示意图

方式下形成的汇率未必就是市场汇率,行政定价方式下形成的汇率也未必都是非市场汇率。

　　李扬和余维彬探讨了(2005)变动汇率水平和改变汇率形成机制的优先次序选择问题。提出究竟始于人民币汇率水平的变动,继之以汇率形成机制的调整;还是始于汇率形成机制的调整,而将汇率水平的变动置于相对次要的地位。他们主张机制改革优先:首先积极推进改革,以创造使汇率这种"价格"变量能够正常发挥作用的体制、机制和技术前提,让汇率能够对我国经济的运行发挥积极、可控的作用,让货币当局能够始终保持主动性。这非简单的策略选择,而是集中体现了对汇率制度本质的认识的差异,着眼点在于创造一种与社会主义市场经济相适应的市场化的汇率形成机制。他们并且反驳了若汇率水平的变动并促其先行调整,其实质不过是用一种管制汇率代替另一种管制汇率,其思路并未脱离开行政性调控的窠臼。所以使市场化力量成为汇率形成机制的主导因素,是改革的前提方向,但是必须控制在保证我国经济运行稳定的范围之内。

　　刘柏和张艾莲(2013)讨论了这种长期改革与短期控制的关系,指出短期内,在比较狭窄的区间内发挥市场供给和需求的作用,汇率水平主要由市场力量决定,政府可以对外汇市场进行微调;在长期,当国内外宏观经济环境发生本质性改变的情况下,对汇率水平进行离散式调整,使汇率跳跃至新的汇率水平,并提出一种新的汇率管理制度——有管理的离散浮动汇率制度。与基于市场的供求关系变化的连续浮动汇率制度相比,离散浮动则依据时间变化和政策需要进行调整。短期内,相当于固定汇率,政府对汇率进行调控,将汇率限制在某一基准值范围内,目的是规避外汇风险;长期内,相当于浮动汇率,当市场条件成熟和政策变化时,汇率跳跃至新的固定汇率水平,以满足经济指标回归市场均衡的需要。结合我国外汇市场的现实,应构建有管理的离散浮动汇率制度。有管理的离散浮动汇率制度使汇率水平在短期内能多次小范围释放市场压力,避免一次性大幅调整造成的冲击。当外汇市场压力出现饱和时,一次性释放促使汇率水平处于经济基本面决定的层面,避免汇率与经济运行尤其是国际收支状况偏离。我国对汇率制度的渐进式改革,避免了经济领域尤其是金融领域的过度开放而受到外部经济的干扰。

夏斌(2011)也曾指出中国如果简单地选择钉住单个货币的严格固定的汇率或者选择完全浮动的汇率(两极论),都不利于中国的利益。中国当前既不适合实行严格固定的汇率制度,也不具备条件充当国际关键货币,实行完全浮动的汇率制度。在战略过渡期内,仍需要借助美国等中心货币的优势,逐步走向亚洲区内的重要货币。当前实行有管理的浮动汇率制度也是有条件的。有管理的浮动汇率制度,既引入了汇率的波动,又保留了对汇率波动的一定管制;既是固定汇率制度与浮动汇率制度的一种过渡,又是对这两种汇率制度的一种混合与扬弃。

所以综上来看,汇率形成机制中,必须重视市场的主导力量,但是也不能放任市场力量,而是要适时地对汇率的走势进行离散式地控制和管理。本章附表3.1列出了自2005年"汇改"之后,我国对汇率实施管理的主要事件和表现,主要体现在汇率形成机制改革、汇率波动幅度设定以及汇率浮动特征和国际货币地位四个方面。综合来看,对汇率管理的具体方式的改革,主要体现在以下四个方面:一是参考"篮子"的选择问题;二是央行对外汇市场的干预;三是波动幅度的设定;四是与货币政策的搭配问题。学者针对这两个问题的研究多以实证方法,通过"事后"分析寻找到汇率管理效果的证据。

首先,是对2007年我国推行人民币汇率形成机制改革后的篮子选择问题的探讨。李凯和陈平(2011)利用滚动回归(Rolling Regression),将人民币钉住的货币篮子中的美元权重分为了以下三个阶段:第一阶段是2006年10月至2008年8月,美元权重平均保持0.88,欧元保持在0.12,但是此期间美元相对欧元不断贬值,因此人民币对美元不断升值;第二阶段为2008年9月至2009年1月,美元权重下降幅度达到10%,虽然美元升值,但是其权重下降抵消了升值对篮子的影响,保证了人民币兑美元汇率的基本不变;第三阶段是从2009年2月之后,美元权重重新上升,但是美元相对欧元贬值,保证了人民币汇率基本不变。虽然汇率机制改革后人民币币值是参考一篮子货币进行定价的,但实际上并不是严格钉住一篮子货币,很多情况下还会根据本国外汇储备水平和国内外利差等国内外各种冲击来调整汇率。如 Calvo 和 Reinhart(2000)、Levy-Yeyati 和 Sturzenegger(2003)曾指出分析一国"事后"的汇率制度时,并不仅仅单纯考虑货币间的相互波动关系,还需考虑与货币波动相对的外汇储备波动及基础货币波动。在一国外汇储备或基础货币增加的情况下,政府会允许货币大范围内的升值。牟新焱(2012)利用 2005 年 7 月 1 日至 2011 年 9 月 30 日的数据进行实证研究发现,人民币区域化目标与欧债危机对货币篮子结构产生显著影响,汇改后人民币趋势性升值速度基本保持不变,政治事件是影响人民币短期偏离篮子汇率的重要原因。在人民币国际化的过程中,货币区域化是重要的一环,东盟货币在人民币篮子中占据相对重要的地位,根据模型系数分析,东盟货币在人民币货币篮子中的权重应在 10%～15%。随着我国与东南亚国家经贸联系紧密,完善跨境结算将使人民币成为中国与东南亚贸易与投资便利化的重要载体。

其次,是央行对外汇市场的干预问题,这是当前在推行以"市场化"为主导力量推动汇率形成机制改革的重要补充环节,可以允许央行根据国内外经济、贸易格局的变化,适时进行汇率水平的控制。刘林和倪玉娟(2010)认为外汇干预主要通过资产组合渠道、信号渠道、微观结构(订单流)渠道、噪声交易渠道和协调渠道来影响汇率。对于干预后与市场力量的博弈大小可以用外汇市场压力(Exchange Market Pressure,简称 EMP)进行度量。刘林和倪玉娟(2010)按照汇率决定的货币分析法最早对外汇市场压力进行了研究,将 EMP 定义为通过改变汇率或者外汇储备来消除国内货币市场的失衡程度。外汇市场压力反映的是外汇市场上对某种货币的超额需求(供给)。影响外汇供求关系的因素有很多,如国内和国际政治经济形势的变化、市场对汇率的预期等,汇率制度的变革也是其中的一个因素。Weymark(1995)创造性地发展了对外汇市场压力的研究,提出了外汇市场压力的一般定义,又在此基础上通过引进预期因素进一步完善了模型体系。Klaassen 和 Jager(2011)提出一个新的 EMP 公式,认为 EMP 是为名义汇率的百分比变化、外汇储备变动、实际利率和期望利率之差的加权组合。Eichengreen 等(1995)认为汇率决定的结构主义宏观模型对短期和中期汇率波动的解释力非常有限的,因此提出了非模型依赖型 EMP 指数决定方程。方程包括利率、汇率和外汇储备 3 个变量,每个变量的参数取决于这三个变量样本标准差的倒数。

诸多学者从外汇市场干预手段、强度以及有效性等方面对我国在 2005 年汇率形成机制改革之后的汇率管理进行了研究。刘晓辉和张璟(2008)、卜永祥

(2009)显示 2005 年汇改之后中央银行外汇干预有放松的趋势。Sarno 等 (2002)指出在 2007—2008 年美国次贷危机爆发并恶化为全球金融危机的背景下，中央银行为了防止国际金融危机对国内经济的冲击，对市场进行了干预，使得人民币汇率自 2008 年以来一直保持在 6.83 附近，这段时间内同样出现了外汇市场的干预超调。王霞(2013b)对我国中央银行外汇干预进行事件分析研究后发现：2002—2011 年期间，我国央行的外汇干预主要表现为买入美元引导人民币贬值，而央行卖出美元和买入美元的干预效果具有不对称性，央行卖出美元、引导人民币升值的干预效果更为强烈。另一方面，不同的汇率形成机制下外汇干预的效果具有不对称性。无论央行卖出美元还是买入美元，参考一篮子货币比钉住美元的干预效果要好。陈音峰和王东明(2013)通过对 EMP 走势的研究，发现 2003 年以来，人民币面临较强的升值压力。外汇市场干预指数表明在 2005 年人民币汇率改革之前，外汇市场干预吸收了近 80% 的外汇市场压力，央行外汇市场干预具有固定汇率安排的特征。2005 年之后，随着人民币汇率弹性增强，外汇干预指数有所下降，从 1 左右下降到 0 左右，汇率的市场化程度显著提高。外汇市场压力通过净国外资产的变化和人民币升值来共同承担。央行外汇市场干预存在"顺经济风向行事"和"逆经济风向行事"特征，在特定时期存在干预超调。王霞(2013a)认为人民币实行钉住一篮子货币的汇率制度与钉住美元的汇率制度相比较，面临的外汇市场升值压力反而更大，而人民币实行参考一篮子货币的汇率制度与实行钉住美元的汇率制度相比，央行干预程度明显降低，汇率决定的市场化程度相应提高，汇率制度直接影响着央行干预程度。在我国外汇干预成本较高、外汇干预影响货币政策独立性的情况下，这意味着不断放宽汇率波动幅度是可行的选择。

再次，是央行对汇率波动幅度管理的问题。特征事件是 2010 年 6 月 19 日，中国人民银行宣布，银行间即期外汇市场人民币兑美元交易价浮动幅度由千分之三扩大至千分之五。这是自 2006 年初银行间市场引入做市商制度以来最重要的举措。这是市场化进程加快的一个具体表现。图 3.3 对人民币兑美元(间接标价法)各月波动的最高值与最低值进行相减，比较各月波动的差值大小发现：波动幅度管理在汇率市场化程度较高的时段较大，而在外汇市场干预程度较强的时段较小，分别如 2005 年"汇改"前和全球金融危机重启钉住美元的汇率政策后。中国人民银行营业管理部课题组提出在人民币汇率水平趋于均衡值的情况下，加大力度推动汇率机制的市场化进程，可以有效避免市场主体对于价格偏离因素的纠偏考虑，积极促进汇率价格。更重要的是，中央银行

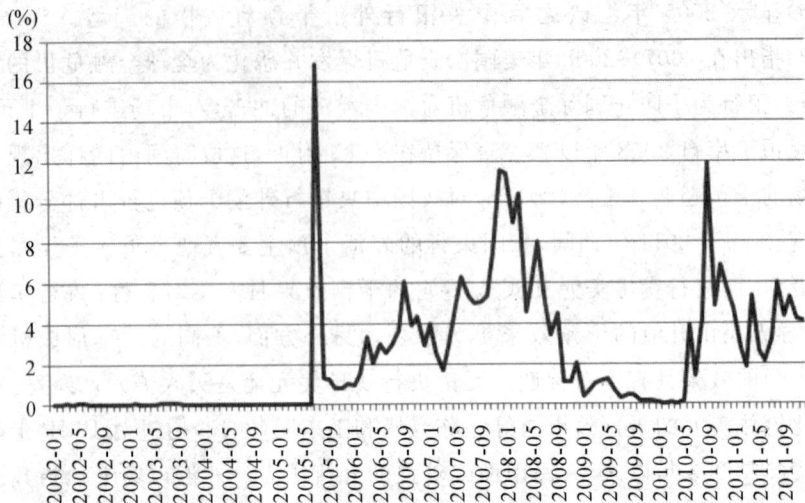

图 3.3　我国人民币兑美元月度波幅示意图(间接标价法,最大值－最小值)

的低干预可以有效引导市场力量在汇率价格形成过程中发挥积极作用。

　　最后,是汇率管理与宏观政策的问题。夏斌(2011)指出当有管理的浮动汇率制度能与国内其他宏观调控措施有效协调,这种汇率制度就能提供最大的市场灵活性。但一旦配合不好,容易引发外部的投机攻击,成为引发一国经济不稳定的原因。刘柏和张艾莲(2013)通过数据比较发现,2005 年经常项目的差额为 1608 亿美元,资本和金融项目差额为 629 亿美元,2011 年经常项目差额为 2017 亿美元,资本和金融项目差额为 2211 亿美元,分别增长了 25% 和 251%。经常项目保持了强劲增长势头,而出口增加意味着对人民币需求的同步增长。资本和金融项目的急剧扩张体现了人民币与其他国家或地区货币兑换的日益频繁,助推了人民币升值。随着我国对外经济实力的提升,外汇储备规模不断扩大,2012 年 12 月已达 33115.89 亿美元。在外汇占款拉动下,货币供给量超过了上万亿元。基础货币供给增加带动信贷规模的扩张,通货膨胀压力日益增大。此时需要同时对货币市场和外汇市场实施有效的管理调控。按照蒙代尔-弗莱明模型所说明的情况,在资本自由流动的情况下,固定汇率制会造成货币政策的无效,要想保持货币政策的自主性,就必须实行浮动汇率制。要想使汇率稳定和货币政策自主性同时实现,就必须实行资本管制,并要有大规模的国际储备变动和有效的冲销机制相配合,中央银行所面临的冲销压力也并未因此减弱,外汇占款导致的基础货币增加具有长期效应。

　　我国在 2005 年"汇改"后,金融机构外汇占款增值出现逐月递增的态势,仅在 2010 年至 2012 年中期,金融机构外汇占款较为平稳(图 3.4)。这是由于处于避险的需要,国际资本呈现出向发达国家回流的态势,人民币升值压力趋缓所造成。对于针对外汇干预的基础货币的发行增量,可采取两方面的举措进行搭配。一是冲销干预(Sterilized Intervention),即一方面在外汇市场上从私人部门买进外汇以降低本币升值的压力,维持汇率的相对稳定,从而保护本国出口产业、管理通胀预期和维持经济平稳健康运行;二是央行通过对货币政策进行调整,如在货币市场上采取配套的操作措施,如通过公开市场业务(Open Market Operations)、提高准备金比率、公共部门存款管理等措施对增加的货币供应量予以冲销。陈音峰和王东明(2013)发现央行外汇市场干预,未冲销的基础货币(12.5%)进入银行系统,经过银行的存款创造,在市场利率和货币乘数的作用下,造成国内货币市场的失衡,在一定程度上引起国内通货膨胀和资产价格的大幅波动。

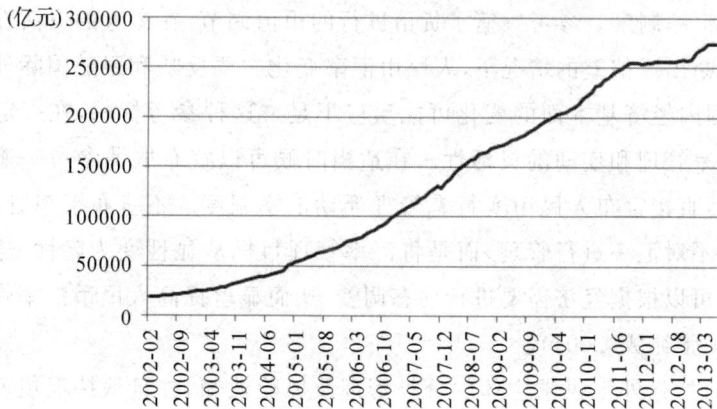

图 3.4　我国金融机构外汇占款余额增值示意图

3.2　趋势判断

从以上的事实特征描述中,我们可以发现我国汇率形成机制的核心是以推进汇率市场化为主导方向,但需要采取有节奏的进程控制措施。从未来我国汇率管理的趋势来看,我们认为汇率管理需要重视以下几个方面的举措:

首先,从汇率形成的市场化机制建设与完善上来看,重视"中间价"的预期引导作用。逐步使"中间价"透明化与市场化,增强市场力量在汇率价格形成中的权重,如让"中间价"更多与前一交易日收盘价挂钩,适度拉长中间价的公布期间等,这将有利于理顺价格预期形成,鼓励市场化价格发现体系的形成与完善。再进一步提高"中间价"制定的透明度。现在中间价是中国人民银行授权中国外汇交易中心对外公布,但不公布作为中间价形成基础的做市商报价。中间价的形成成为了一个"黑匣子",这并不不利于稳定市场交易者的理性预期,譬如当外汇市场上人民币汇率开始出现升值预期时,中间价以稳定汇率为目的,变化很小或基本保持稳定,会导致一方面汇率出现失衡,另一方面每天盘中交易相对中间价的单向升值,反而会进一步强化人民币汇率的升值预期。若升值压力有所释放时,中间价的过度操作,会形成预期的紊乱,加大了调整的难度。可以考虑结合改革进程,鼓励市场化价格发现体系的形成与完善,公开市场做市商的报价,并通过加权计算将形成的中间价作为开盘价,以增加透明度。也可以对做市商的行为有所约束,强化其报价作为交易价格的基础。

从价格形成体制上对"中间价"推进的市场化,需要在币值调节上强化有管理的浮动汇率制度。参考一篮子货币进行的币值调节,在参考的灵活性不够或决策者判断出现偏差的情况下,人民币汇率变化主要反映和跟随国际外汇市场变化,对国内经济基本面的变化可能反应不足。这种参考标的,在一定程度上制约了汇率管理和变动的灵活性。在适当时候可以宣布取消参考一篮子货币进行调节,直接宣布人民币实行有管理浮动汇率制度。不宣布汇率管理目标,并不等于不对汇率进行管理,而是将汇率管理目标从显性变为隐性,这样汇率管理目标可以根据经济需要进行动态调整,从而显著提高人民币汇率弹性和市场化程度(张纯威,2004)。

其次,加强外汇供求主体的分类管理及风险认知,并且从持汇规模和汇率日波幅等角度对风险进行控制。在推进汇率价格市场化进程中,必须了解外汇的供给和需求特点,而汇率管理机制是影响外汇供给和需求方特点的重要因素。我国现行外汇管理体制的突出特点是在区分两类账户的情况下,对供给和需求实行差别管理。对经常账户项下的外汇收支已经基本实行意愿结售汇制:我国在政策上已经开始偏向于引导"藏汇于民"。比如,企业外汇收入的留成比重由20%逐步提高到当前最高达80%的水平。对个人用汇的限额也在逐步由2000美元逐步提高到当前的5万美元。而且资本项目下的结售汇依然有很多限制,使外汇市场具有明显的经常项目结售汇市场的特征,只反映局部的外汇供求关系,使得外汇供求容易出现失衡。资本项目下的结售汇要经过审批,从过去的做法上看,对资本流入、特别是外商直接投资的结汇控制得相对较松,而对基于资本流出需要的售汇控制得较严。外汇的结售汇管理与我国资本项目开放的推进需要匹配,向抗风险能力强的企业和个人优先开放,强化参与主体的风险意识,通过制度设置,适当保护抗风险能力弱的主体。售汇制的真实贸易背景要求使得很多外汇供求不能进入市场,很多企业规避汇率风险的合理需求得不到满足。应该允许资本项目下的交易进入外汇市场,建立基于汇率风险管理的外汇交易头寸制度,扩大外汇市场供求关系,使市场更加丰富、全面。

我国目前的外汇市场由两个层次构成:分别是银行间市场和零售外汇市场。在前一市场上形成基准汇率,而最终外汇的供求者是进入银行的买进、卖出外汇的柜台市场,在这一市场上,银行以基准汇率为依据按规定挂出买卖牌价。就目前来说,银行间市场的参与主体门槛较高,交易主体数量较少,实行会员制,并且市场交易行为受到严格限制,中央银行对各会员规定买卖和结算外汇的周转限额,它们只能在限额内持有外汇,超出部分必须无条件出售给中央银行。可以适度调整做市商的准入门槛或引入新类型的做市商,从而形成做市商更加多元化的格局;扩大银行间外汇市场的会员范围,尤其是非金融机构会员,这不仅增加银行间外汇市场供求的多样性,也间接促动零售市场上的竞争,加强市场参与者的横向沟通并增强信息透明度,积极培育基于宏观基本面理性形成的汇率预期,使零售市场买卖价差收窄。

再次,处理好汇率浮动灵敏度与稳定性的关系。中央银行规定汇率日波幅限制,人民币兑美元为1%,即银行间即期外汇市场人民币兑美元的交易价可在中国外汇交易中心对外公布的当日人民币兑美元中间价上下百分之一的幅度内浮动。当日交易汇率以前一营业日成交的平均汇率为基准,当汇率波动接近波幅边界时,就进行干预。在零售外汇市场上,银行对客户的美元挂牌汇率目前还实行以中间价为基准的差幅管理,美元现汇卖出价与买入价之差不得超过中间价的1%,现钞卖出价与买入价之差不得超过中间价的4%。差幅管理与发挥中间价的管理是相辅相成的,防止银行利用自身优势随意扩大买卖价差。但是,倘若中间价扭曲,则会使这种管理作用减弱,银行竞争已经能够使得买卖价差收窄,因此差幅管理首先可以改为以银行卖出价和买入价为基础形成的中间价为基准,在条件成熟时再适时取消。但是在特殊时期,如在金融危机对我国汇率冲击较大时,保证汇率的稳定性,以抵御外汇冲击,也是十分必要的,在此时需要加强干预的力度。

最后,与宏观货币政策的搭配来看,要调整货币政策框架,推进资本项目可兑换和利率市场化,避免汇率市场化过程中货币政策失去自主性。在外汇储备快速增长时,央行被动投放基础货币,虽然采取种种冲销政策,但未能完全隔绝对货币供应量的影响,影响了物价稳定等宏观调控目标的实现。汇率是重要的经济变量,汇率市场化改革涉及面很广,需要其他宏观领域的配套改革协调,对汇率和利率稳步推进市场化改革是一个重要方向。虽然汇率稳定是货币政策的重要目标,但是也要为货币政策能动性创造空间,这需要在汇率管理上与货币政策的执行进行适时地调整配合。

附表 3.1　2005 年 7 月我国汇率形成机制改革后人民币汇率管理的大事记

日　期	人民币汇率管理的特征事实	涉及内容
2005 年 7 月 21 日	中国人民银行正式宣布开始实行以市场供求为基础、参考一篮子货币进行调节、有管理的浮动汇率制度。当天,人民币兑美元汇率由 8.2765 上调至 8.1100,上调 2.1%,从此人民币汇率不再钉住单一美元,逐渐形成更富弹性的汇率机制。	汇率形成机制
2006 年 3 月 7 日	美元对人民币汇率中间价比前一交易日猛升了 43 个基点,达到 1 美元兑 8.0425 元人民币,在询价和撮合两个交易市场上,人民币最新收盘价的跌幅更是扩大到 59 个基点,为 2005 年汇改以来单日最大跌幅。	汇率波动幅度
2007 年 5 月 18 日	中国人民银行宣布,银行间即期外汇市场人民币兑美元交易价浮动幅度由千分之三扩大至千分之五。这是自 2006 年初银行间市场引入做市商制度以来最重要的举措。是自 1994 年以来对人民币兑美元汇价波幅的首次调整。	汇率波动幅度
2008 年下半年至 2010 年 6 月	受到金融危机的影响,人民币停止了升值走势。	币值浮动
2010 年 6 月 19 日	中国人民银行宣布,进一步推进人民币汇率形成机制改革,增强人民币汇率弹性。进一步推进人民币汇率形成机制改革,重在坚持以市场供求为基础,参考一篮子货币进行调节。继续按照已公布的外汇市场汇率浮动区间,对人民币汇率浮动进行动态管理和调节。	汇率形成机制
2012 年 4 月 16 日	中国人民银行宣布,自 2012 年 4 月 16 日起,银行间即期外汇市场人民币兑美元交易价浮动幅度由千分之五扩大至 1%,即每日银行间即期外汇市场人民币兑美元的交易价可在中国外汇交易中心对外公布的当日人民币兑美元中间价上下 1% 的幅度内浮动。外汇指定银行为客户提供当日美元最高现汇卖出价与最低现汇买入价之差不得超过当日汇率中间价的幅度由 1% 扩大至 2%。	汇率波动幅度
2015 年 8 月 11 日	为增强人民币兑美元汇率中间价的市场化程度和基准性,中国人民银行决定完善人民币兑美元汇率中间价报价。8 月 11 日人民币汇率中间价为:1 美元兑人民币 6.2298 元,较上一交易日大涨 1136 个基点。人民币兑美元汇率中间价贬值 1.8%,创下 1994 年汇改以来最大单日跌幅。	汇率形成机制

4 人民币汇率市场的风险溢价：度量、波动和根源

【本章导读】 从当前的国内外经济环境来看，国际经济周期由频发的风险事件主导时，美元作为全球避险货币，在风险事件突发后，出现升值趋势，成为国际流动资本天然的避风港。而人民币相对于美元基于利率平价的溢价反映了国际资本在美元避险资产和人民币资产之间选择倾向，与国际资本流动的动向密切相关。其波动程度的高低直接影响到宏观经济稳定，关系到宏观经济中指标中的汇率、利率、物价水平等货币性因素以及生产和消费等非货币因素。并且在世界经济风险因素增强时，放缓汇率市场化改革的步伐，币值管理上重启钉住美元的汇率政策是否也是人民币汇率风险溢价波动性出现结构性变化的影响因素？这些结论都将为人民币汇率的动态管理研究提供事实依据①。

4.1 外汇市场风险溢价：含义与度量方法

在重大经济危机冲击期间，外汇市场的风险溢价涉及投资者的预期和投资选择行为。

在投资货币资产时，由于汇率变动，投资者因持有本币资产而非外币资本所要求的额外回报，就是该国货币的风险溢价或称之为汇率的风险溢价。各国货币在国际货币体系中的不平等地位，能够通过汇率风险溢价对国际间资本流动方向和规模产生影响，从而影响宏观经济运行（金雪军、王义中，2006）。

20 世纪 80 年代，日本国内经济增长率保持较高水平，但 20 世纪 90 年代中

---

① 本书部分内容已经发表在《浙江大学学报（人文社会科学版）》2011 年第 5 期。是笔者博士期间的研究成果，为了保持完成性和结论的连惯性，我们没有更新数据并重新进行分析。

期之后,日本经济增长率降低,出现所谓的"失去的十年"(Goyal & McKinnon, 2003)。对此的一种解释是由于日本积累了大量的净美元资产再加上日元升值存可能性,使得美元资产持有者面临高风险而需获得高的风险补偿。与之对应的是,日元资产存在负的风险溢价,日本金融机构愿意牺牲部分收益来持有日元资产,日本利率短期被挤压到零,出现了流动性陷阱,致使日本央行无力刺激经济和阻止通货紧缩。亚洲金融危机时期,泰国、印尼、马来西亚等国的央行在面对资本大量流出和本币贬值压力时,为了增强本币资产的吸引力,都选择了调高银行利率,但最终仍无力放缓本币贬值速度,这主要是由于外国居民对持有危机国的资产存在信心危机。

对汇率风险溢价的研究是以非抛补利率平价(Uncovered Interest Rate Parity,简称 UIP)假说的不成立,即"UIP 假说偏离"为前提的,这是发现汇率风险溢价存在的事实基础。汇率的风险溢价是通过对非抛补套利假说的偏离来表现的。非抛补利率平价理论认为预期汇率的变化会受到两国利率差异的影响。两个国家利率的差额等于预期汇率变化的差额。风险中性的投资者会通过国际资本市场套利最终使高利率国货币在未来贴水,低利率国货币在未来升水。UIP 关系可以表示为

$$(1+i_h) = \frac{S_{t+1}^e}{S_t}(1+i_f) \tag{4.1}$$

其中 i_h 和 i_f 分别表示当期的一定期限内的国内和国外的利率水平,S 是即期汇率(采用直接标价法),S^e 为汇率的预期值。对上式两边取对数,其中 $s = \ln S$,则有

$$s_{t+1}^e = s_t + i_h - i_f \tag{4.2}$$

因为包含了未来即期汇率的预期值,所以无法直接利用对数形式的模型对 UIP 检验。而当假设理性预期成立时,可用已实现的即期汇率值表示汇率的预期值,再引入一个零均值的预测误差 ε_t,则将其写为

$$s_{t+1} = s_t + i_h - i_f + \varepsilon_t \tag{4.3}$$

为了检验 UIP 是否成立,即 $t+1$ 期的即期汇率是否根据上一期 t 期的利率差进行调整,较为普遍采用的方法是利用下式进行验证:

$$\Delta s_{t+1} = \beta_0 + \beta_1 (i_h - i_f) + v_{t+1} \tag{4.4}$$

当 $(\beta_0, \beta_1) = (0, 1)$,$v_{t+1}$ 是一个随机扰动项,并且序列无关时,UIP 假说成立。对于抛补利率平价来说,存在 $f_t^k = s_t + i_h - i_f$。其中 f_t^k 为 k 期滞后的远期汇率水平。则可以通过验证 $\Delta s_{t+1} = \beta_0 + \beta_1 (f_t^k - s_t) + v_{t+1}$ 来检验假说是否成

立。实证研究表明，β_1 显著为负，而且 β_0 不为零。基于远期汇率的估计模型，发现的现象又可成之为"远期升水之谜（Forward Premium Puzzle）"。有研究者对人民币兑美元汇率是否符合 UIP 假说进行了实证检验，桂咏评（2008）的研究表明在 2004—2006 年的全样本区间和汇改前、后两个子样本区间内，人民币兑美元汇率都不满足 UIP 假说，系数显著小于 1，当人民币利率上升时，由于风险溢价存在，投资本币资产会承受更多的风险。本书 4.2.1 节的研究数据也表明在不同期限条件下，该系数也显著小于 1。

Goh 等（2006）通过另外一种方法计算 UIP 假说的偏离值 w_t 来检验 UIP 假说是否成立，w_t 是一个时间序列变量。如果 UIP 假说成立，在资本完全流动的情况下，$E(w_t)=0$。但如果投资者是风险厌恶的，国内外资产无法完全替代，则 $E(w_t)\neq0$，此时风险溢价存在，投资者在外汇市场上套利会受到影响。当 $E(w_t)>0$ 时，说明投资国内资产存在一个正风险溢价，即投资者对于持有本币资产需要额外的风险补偿。而当 $E(w_t)<0$ 时，说明投资国内资产存在负的风险溢价，投资者愿意牺牲部分收益来持有本币资产。这种方法较为直观，并且能够获得汇率风险溢价的时间序列值，因此本章采用此方法对人民币汇率风险溢价进行计量。

人民币汇率风险溢价还是汇率研究中一个较新的话题，对其波动行为特征目前尚未有深入研究。Bekaert（1996）的研究表明汇率风险溢价的时变动态特征会打破国内外利差与汇率预期变动率之间等式关系，发现人民币汇率风险溢价波动的时变动态特征是进一步探寻汇率风险溢价的形成因素以及与宏观经济运行以判断汇率水平及波动管理时机之间关系的基础。这一节采用状态转换的 ARCH 模型发现偏离非抛补利率平价（UIP）的人民币风险溢价存在高、低两种波动状态这种时变特征，并分析了这种时变特征。

4.2 人民币汇率风险溢价波动的经验事实

4.2.1 数据处理与统计描述

本研究采用的样本区间为 2002 年 1 月至 2010 年 10 月。国内利率 i_h 选取我国一个月期银行间同业拆借市场的月度平均利率，该指标市场化程度高，能够反映资金市场的供求情况。国外利率 i_h 选取同期伦敦银行同业拆借市场的月度平均利率。因为美元是重要的国际货币,为了能更好地反映美元在国际市场的供求情况,选用了伦敦同业拆借市场利率而不是美国联邦基金利率。人民币兑美元的名义即期汇率 S 选取了月度期末数[①]。偏离 UIP 假说的人民币汇率风险溢价由 $w_t = i_h - i_f + s_t - s_{t+1}$ 计算得出。

表 4.1　i、s 和 w 的统计性描述与序列相关性检验结果

	i	s	w
均值	-0.0126	0.0021	-0.0105
标准差	0.0141	0.0042	0.0142
偏度	1.0718	2.3728	1.3120
峰度	3.2892	9.1453	4.5865
J-B	20.6627	263.7469	41.1370
(P-value)	(0.0000)	(0.0000)	(0.0000)
序列自相关系数	i	s	w
$\hat{\rho}_{1,1}$	0.907	0.3920	0.8420
$\hat{\rho}_{1,2}$	0.864	0.3690	0.7690
$\hat{\rho}_{1,3}$	0.817	0.4070	0.7430
$\hat{\rho}_{1,10}$	0.475	0.056	0.3940
$\hat{\rho}_{1,20}$	0.03	-0.142	0.0740
$Q_1(24)$	644.15	92.08	505.00
(P-value)	(0.00)	(0.00)	(0.00)
序列自相关系数(平方项)	i	s	w
$\hat{\rho}_{1,1}$	0.713	0.199	0.4050
$\hat{\rho}_{1,2}$	0.671	0.191	0.3290
$\hat{\rho}_{1,3}$	0.62	0.164	0.4640
$\hat{\rho}_{1,10}$	0.27	-0.039	0.0490
$\hat{\rho}_{1,20}$	-0.025	-0.083	-0.0720
$Q_2(24)$	325.34	18.972	83.5440
(P-value)	(0.00)	(0.753)	(0.00)

注:$\hat{\rho}_{1,i}$ 表示样本序列第 i 阶自相关系数,$\hat{\rho}_{2,i}$ 表示样本平方项序列第 i 阶自相关系数。Ljung-Box 的 $Q_1(24)$ 和 $Q_2(24)$ 统计量分别用于检验样本水平项与平方项在滞后 24 期的相关性。

表 4.1 列出了国内外利差 $i = i_h - i_f$、汇率变化率 $s(s = \ln S_{t+1} - \ln S_t = s_{t+1} - s_t)$ 和偏离 UIP 假说的汇率风险溢价 w 的描述性统计结果及序列相关性指标。在样

[①]　一个月期银行间同业拆借市场利率和人民币兑美元的名义即期汇率来自于国泰安 CSMAR 数据库。伦敦银行同业拆借月度利率来自于英格兰银行网站。

本区间内,国内外利差和偏离 UIP 假说的汇率风险溢价 w 的均值都小于 0,而人民币兑美元名义汇率变化率的均值大于 0,这三个变量都拒绝了正态性 J-B 检验,呈现正偏尖峰的特征,并存在序列相关性且系数递减速度缓慢,在滞后 24 阶后,仍然具有显著的自相关现象。对每个变量取平方后,人民币汇率风险溢价 w 和国内外利差 i 仍然存在较强的序列相关性,汇率变化率 s 的序列相关性有所减弱。

　　表 4.2 列出了对 i、s 和 w 进行单位根检验的 ADF 和 PP 统计量。结果表明当存在常数项时,只有汇率变化率呈现平稳特性时,汇率风险溢价 w 为一阶单整的非平稳时间序列。对后者取一阶差分后,dw 在 1% 的显著性水平下是平稳的。

表 4.2　i、s 和 w 的平稳性检验结果

	ADF test	PP test
$i(c)$	0.15	-0.60
$s(c)$	-2.75^{*}	-7.35^{***}
$w(c)$	-0.26	-1.36
$dw(c)$	-16.31^{***}	-17.89^{***}

　　注:单位根检验均含常数项,$*$、$**$ 和 $***$ 分别表示在 10%、5% 和 1% 的显著性水平下拒绝序列含有单位根的原假设。

　　从图 4.1 可以看出,利差变化比汇率变化具有更强的波动性,这说明利差对汇率走势的影响并不强,汇率风险溢价 w 是影响汇率未来走势的重要因素。w 虽然是非平稳的时间序列,但是它的一阶差分 dw 通过了 ADF 和 PP 的单位根检验,显著平稳,呈现尖峰右偏特征,拒绝 J-B 正态性检验(如表 4.3 所示),dw 波动聚集的特性是否存在内生性的结构变化,下面将用标准的单状态 ARCH 模型和 SWARCH 模型分别对进行估计[①]。

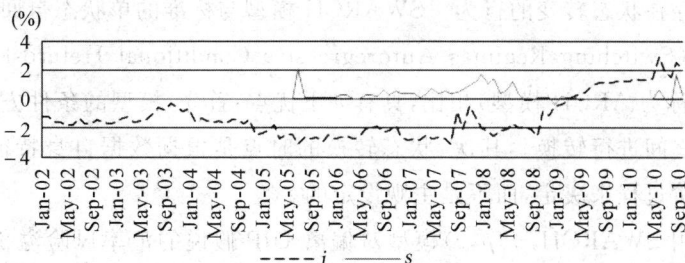

图 4.1　国内外利差 i 与汇率变化率 s 的波动示意图

---

　　①　本节使用 Eviews 5.0 对单状态的 ARCH 模型进行了估计;在 Guass 10.0 的环境下编写程序代码对 SWARCH 模型进行了估计。

表 4.3   dw 统计性描述与序列相关性检验

	dw
均值	0.0003
标准差	0.0073
偏度	1.1431
峰度	7.5568
J-B	112.6267
(p-value)	0.0000
序列自相关	dw
$\hat{\rho}_{1,1}$	−0.4500
$\hat{\rho}_{1,2}$	0.0200
$\hat{\rho}_{1,3}$	0.1050
$\hat{\rho}_{1,10}$	−0.0110
$\hat{\rho}_{1,20}$	−0.1220
$Q_1(24)$	0.0126
(P-value)	0.047

4.2.2   SWARCH 模型的原理与估计方法

Hamilton(1989)提出的基于马尔科夫状态转换的自回归条件异方差模型(Switching Regimes Autoregressive Conditional Heteroskedasticity Model,简称为 SWARCH 模型)被广泛应用于金融计量领域,用于刻画数据波动的集中程度是否存在状态转变的行为。SWARCH 模型与标准的单状态自回归条件异方差模型(Switching Regimes Autoregressive Conditional Heteroskedasticity Model,简称为 ARCH 模型)相比,具有如下优点:首先,模型的条件方差可以在不同状态之间进行转换。其次,状态转换的时点是根据数据自身特征,通过马尔科夫一阶过程来决定,而不是主观设定的。

可采用 SWARCH(q,p,s)模型对偏离 UIP 假说的汇率风险溢价 w_t 的行为特征进行刻画,该模型的具体形式如下:

$$\mathrm{d}w_t = a_0 + \sum_{j=1}^{q} a_q \mathrm{d}w_{t-j} + \mu_t \tag{4.5}$$

$$\mu_t = \sqrt{g_{st}} \cdot \hat{\mu}_t \tag{4.6}$$

$$\hat{\mu}_t = h_t \varepsilon_t \tag{4.7}$$

$$h_t = \alpha_0 + \sum_{i=1}^{p} \alpha_i \tilde{\mu}_{t-i}^2 \tag{4.8}$$

$$\mu_t \mid (\mu_{t-1}, \mu_{t-2}, \cdots, \mu_{t-p}) \cdot N(0, h_t) \tag{4.9}$$

其中 a_0 和 $a_j(j=1,2,\cdots,q)$ 分别表示条件均值方程中的截距项和自回归项的系数,如果不存在序列相关,则条件均值方程中的自回归项系数 $a_j=0$,$(j=1,2,\cdots,q)$;α_0 和 $\alpha_i(i=1,2,\cdots,p)$ 分别表示条件方差方程中的截距项和自回归项的系数,为了保证非负方差,参数 α_0 和 α_i 均大于等于零。I_{t-1} 是在 $t-1$ 时刻可得到的信息集。ε_t 为独立同分布的标准正态分布。

为了说明宏观经济波动及制度性因素的变化是否会对人民币汇率风险溢价波动产生内生性的结构影响,本章将汇率风险溢价波动的过程分为两种状态——高波动状态和低波动状态。即状态 1 和状态 2,用变量 $s_t = i(i=0,1; t=1,2,\cdots,T)$ 表示。g_{s_t} 是捕捉状态变换信息的基本变量,用 g_1 代表状态 1,g_2 代表状态 2。可另 g_1 标准化后等于 1,g_2 即为 g_1 的倍数,$\hat{\mu}$ 符合标准的 ARCH(p)阶过程。

状态变量 s_t 的取值变化服从一阶马尔科夫过程,状态转换概率矩阵为

$$P = \begin{bmatrix} p_{11} & p_{21} \\ p_{12} & p_{22} \end{bmatrix} \tag{4.10}$$

其中 $p_{ij} = \text{Pr}(s_t = j \mid s_{t-1} = i)$,$(i, j = 1, 2)$ 表示由状态 $s_{t-1} = i$ 转移到状态 $s_t = j$ 的概率。因此等式 $p_{11} + p_{12} = 1$ 和 $p_{21} + p_{22} = 1$ 成立,所以只需估计状态转换矩阵中的 p_{11} 和 p_{22}。

本章使用最大似然估计法对 SWARCH 模型进行估计,其中对数似然函数为

$$L = \sum_{t=1}^{T} \ln f(\mathrm{d}w_t \mid \mathrm{d}w_{t-1}, \mathrm{d}w_{t-2}, \cdots, \mathrm{d}w_{t-q+1}) \tag{4.11}$$

Hamiltom 和 Susmel(1994)提出的递推方法可对各种状态下的概率值进行估计。先对已知模型参数赋予初始值,通过数值优化算法得到参数的最大似然估计值。在估计模型参数和转换概率矩阵时,可以得到两种不同的条件概率,分别是事前(ex-ante)概率和事后平滑(smoothed)概率。本章使用 Hamilton 提出的全样本空间($t=1,2,\cdots,T$)对 t 时刻的概率,使用事后平滑概率 $P(s_t = j \mid \mathrm{d}w_t, \mathrm{d}w_{t-1}, \cdots, \mathrm{d}w_{t-q+1})$ 对模型进行估计。

通过 SWARCH 模型对汇率风险溢价的波动状态进行内生性的状态分解,与通常使用的 ARCH 模型相比,能够区分高低两种波动,可以使波动持续性的

估计值降低,对数据的波动特征进行更精确的描述。对波动性高、低两种状态内生性的区分,是进一步探讨汇率风险溢价在两种状态下宏观经济波动特征的客观依据。

4.2.3　计量检验结果

表 4.4 前 3 列给出了单状态 ARCH 模型的估计结果。从中可以看出,在 3 个不同期的 ARCH 模型中,条件均值方程常数项 a_0 显著异于 0,说明在样本期内,汇率风险溢价的变动值大于 0,始终处于一个上升的趋势中,条件方差模型的均值项估计值均显著为 0,但 ARCH(1)项的系数 α_1 都大于 0(见表 4.4 第 2 行),说明扰动项的方差与前一期的值显著相关。三个方程 ARCH 项系数之和($\text{Persistence} = \sum_{i=1}^{3} \alpha_i$)都在 0.76 左右,波动持续性较高,这种波动的高持续性意味着利用状态转换的模型可以对波动的特征给予更好的表达。

表 4.4　标准 ARCH 与 SWARCH 模型的估计结果

系数	ARCH(1)	ARCH(2)	ARCH(3)	SWARCH(0,1,2)
a_0	0.001 (0.11)	0.0006 (0.08)	0.0009 (0.00)	0.0004 (-0.308)
α_0	0.0000 (0.00)	0.0000 (0.00)	0.0000 (0.00)	5e-0.06 (0.00)
α_1	0.764811 (0.00)	0.8696 (0.00)	0.9373 (0.00)	0.47 (0.00)
α_2		-0.1075 (0.00)	-0.1273 (0.00)	$g_2 = 11.7$
α_3			0.0386 (0.40)	(0.00)
Persistence	0.76	0.76	0.77	0.47
Log likelihood	362.44	365.00	365.68	377.17

注:SWARCH(0,1,2)模型参数的估计结果具体如下:$dw_t = 0.0004 + u_t$,$u_t = \sqrt{g_s} \cdot \tilde{u}_t$,其中 $v_t \cdot i.i.d.$ $h_t = (5.5e-006) + 0.47\tilde{u}_{t-1}^2$;$g_1 = 1$;$g_2 = 11.7$。$\tilde{u}_t = h_t \cdot v_t$

在对 SWARCH(0,1,2)模型进行估计时,假设条件方差具有高波动和低波动两种状态($s=2$)。SWARCH(0,1,2)模型的对数似然函数值为 377.17(见表 4.4 第 7 行)要高于 ARCH 模型中的最大值 365.68,说明 SWARCH 模型对数据的拟合程度更高。g_2 的估计值为 11.7 说明据状态 2 即高波动时期的风险溢

价波动性是状态 1 低风险时期风险溢价波动性的 11.7 倍。状态转换概率矩阵的估计值如下

$$\hat{P} = \begin{bmatrix} 0.7765 & 0.3721 \\ 0.2235 & 0.6279 \end{bmatrix}$$

这意味着，当汇率风险溢价处在低波动时期时，下一期仍是低波动状态的概率是 0.7765。而处在高波动状态时，下一期仍是高波动状态的概率是 0.6279。所以状态 1 的持续期近似为 $(1-0.7765)^{-1} \approx 4.5$ 个月，而状态 2 的持续期近似为 2.7 个月。风险溢价低波动状态的持续性高于高波动状态。条件方差模型中的 ARCH(1) 的系数 α_1 为 0.47，低于单状态模型的 ARCH 项系数，这也印证了 Lamoureux 等(1990)的观点——通过状态转换对波动性进行内生性的结构分解会使波动持续性的估计值降低。

4.2.4　状态转换的事实分析

图 4.2 是偏离 UIP 假说的人民币汇率风险溢价波动的平滑概率图，从中可以看出汇率风险溢价的波动性在高、低状态之间不断转换。根据平滑概率的大小，假设平滑概率大于 0.5 的持续期在 3 个月以上(包括 3 个月)时，汇率风险溢价就处在高波动状态，从图 4.2 中可以观察到在 2007 年 9 月—2008 年 8 月和 2010 年 7 月至 10 月这两个时期人民币汇率风险溢价处于高波动状态，其余的大部分时间段均处在低波动状态。这种状态转换主要是由于国内外各种宏观经济因素及货币政策、汇率政策和资本管制强度的此消彼长造成的。

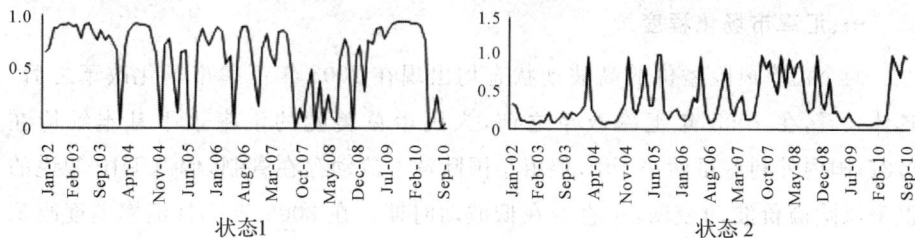

图 4.2　高低波动状态的条件概率图

4.3　人民币汇率市场风险溢价波动的根源

为了说明由 SWARCH 模型区分的汇率风险溢价的高低波动状态下，宏观经济波动的特征是否存在显著差异，使用统计软件 SPSS 16.0 对两种状态下的

汇率、通货膨胀率及代表宏观经济波动中的生产、消费指标进行了均值和方差的差异性检验[①]。（结果见表 4.5）

表 4.5　宏观经济指标在汇率风险溢价高、低两种波动状态下的均值和方差比较

		高波动状态	低波动状态	P 统计量
汇率变化率	均值	0.0056	0.0009	0.001
	方差	0.0059	0.0025	0.000
利率变化率	均值	0.0324	0.0225	0.000
	方差	0.0121	0.0091	0.035
CPI	均值	104.358	101.799	0.004
	方差	2.7534	2.0033	0.000
工业增加值增速变化	均值	0.0321	−0.0099	0.376
	方差	0.2630	0.1843	0.981
社会消费品零售总额增速变化	均值	−0.0011	0.0011	0.738
	方差	0.0210	0.0314	0.128

注：对方差齐次性采用 F 统计量进行检验；对均值是否存在显著性差异，采用 T 统计量进行检验。表中的 P 统计量列是相应的 F 检验与 T 检验的显著性概率；变化率指取对数后的变化率；增速变化为增速比率的一阶差分值。

对人民币汇率风险溢价波动性的状态转换的事实分析可以从以下四个方面展开进一步分析：

一、汇率市场化程度

两个汇率风险溢价的高波动状态均出现在 2005 年汇率市场化改革之后。具体来看，在 2005 年汇率改革之前，人民币兑美元的汇率水平基本维持在 8.27，国内外利差虽然小于 0，但由于国际资本流动存在管制，偏离 UIP 假说的汇率风险溢价波动较弱，一直处在低波动时期。在 2005 年 7 月汇率制度改革之后，人民币汇率进入了升值周期。在 2007 年第 4 季度之前，月升值幅度一直在 1% 以下，美国次贷危机爆发以后，美元走势疲软，人民币兑美元汇率在 2007 年末到 2008 年 3 月这段时间内，月升值幅度增至 1%。在 2008 年下半年开始

---

① 汇率为人民币兑美元的名义汇率月末值；通货膨胀水平用全国居民消费价格指数（CPI）表示；宏观经济的生产和消费状况分别采用工业增加值增长速度的月度变化值和社会消费品零售总额增长速率的月度变化值。因为 GDP 仅按季度公布，所以选择了这两个经济指标来表示宏观经济的波动状况，数据均来自于国泰安 CSMAR 数据库。

到 2010 年 5 月这段时间里,国际市场需求萎缩对中国的出口影响巨大,人民币升值的幅度开始放缓,央行重新采取钉住美元的汇率政策,人民币兑美元汇率维持在 6.82 的水平附近,此时人民币汇率风险溢价由负值转为正并持续上升回到低波动状态。自 2010 年 5 月开始,由于欧债危机的出现,美元再次走强,国际社会对人民币市场化进程进一步施压,一次汇率波动有所增加,汇率风险溢价又进入了高波动状态。从表 4.5 可以看出,在样本区间内,汇率变化率在高波动状态时的均值和方差在 1% 的显著性水平下高于低波动状态,说明人民币汇率风险溢价的高波动状态是伴随着汇率波动性的提高,即人民币汇率市场化程度的增强而出现的。

二、利率、通胀率水平与货币政策

从汇率风险溢价的两个高波动状态所在时期的宏观经济环境来看,第一个时期是在 2006 年出现资产价格泡沫和通货膨胀压力之后,央行在 2006—2008 年 7 次调高存款基准利率,国内外利差缩小,我国紧缩性货币政策的收紧幅度强于其他主要发达国家的货币政策收紧幅度;在 2008 年之后,为了刺激经济发展,我国央行又 4 次调低该利率,货币政策的大幅调整,使偏离 UIP 假说的汇率风险溢价在 2007 年 9 月进入到了高波动状态。第二个时期是出现在次贷危机之后的经济恢复期,发达资本主义国家为实现经济复苏纷纷采取量化宽松的货币政策,导致了国际市场上的流动性充裕,国内外利差逐渐降低,甚至从 2009 年 4 月开始,国内货币市场利率已大于同期的国外利率,这吸引了外国资本大量流入,国内物价通胀压力剧增,我国央行逐步收紧银根,使我国先于其他发达国家采取了退出刺激经济的宽松货币政策,汇率风险溢价在 2010 年 7 月开始进入了高波动状态。据表 4.5 所示,在样本区间内,利率变化率在高波动状态时的均值和方差在 5% 的显著性水平下高于低波动状态,说明人民币汇率风险溢价的高波动也是伴随着利率的高波动的。而通货膨胀率水平在高波动状态时的均值和方差在 1% 的显著性水平下高于低波动状态,说明汇率风险溢价的高波动状态出现在 CPI 水平上升和波动程度的增加时,面对通货膨胀的压力,被动型的货币政策表现出不稳定性是使汇率风险溢价高波动状态出现的诱因。

三、宏观经济因素

Verdelhan(2010)发现当一国资本市场完全开放时,汇率风险溢价具有反经济周期的特性,与生产和消费状况负相关。但是据表 4.5 的统计显示,我国的工业增加值和社会消费品零售总额增速变化分别代表的非货币因素即宏观经济中的生产,消费状况在汇率风险溢价波动的高、低两种状态下都不存在显著差异。这说明我国资本市场尚未完全开放,货币因素对汇率风险溢价的影响作用大于实体经济中周期性因素的影响。

四、资本管制程度

徐明东和解学成(2009)、Huang 等(2010)用我国资本管制强度指数对资本管制程度进行度量后发现,我国自 2001 年底加入 WTO 以来,资本管制强度开始放松至 2007 年,资本管制强度指数处于历史最低值;在金融危机爆发后,从 2007 年下半年开始又加强了对短期资本流入的管制,但到 2009 年该指数又有所回落。从时间区间上可以推断,我国资本管制的强弱与汇率的风险溢价波动呈负向关系,管制的放松增加了汇率风险溢价的波动程度。

我国汇率风险溢价的高波动状态都出现在汇率市场化程度增强与资本管制程度减弱之后,当汇率大幅调整,资本项目开放的进程有所加快时,汇率升值预期和国际宽松的货币政策等因素会使国际资本流入增加,加剧了国内资金市场的震荡,使物价上升,利率波动不稳定。在这种情况下,我国"被动"地先于发达国家采取紧缩性的货币政策或者采取紧缩幅度更大的货币政策,会使偏离 UIP 假说的人民币汇率风险溢价进入高波动性状态。

4.4　小　结

本章采用 Hamiltion 和 Susmel 提出基于马尔科夫状态转换的 ARCH 模型对 2002 年 1 月至 2010 年 10 月期间偏离 UIP 假说的人民币汇率风险溢价的波动行为进行研究后发现,汇率风险溢价存在明显的波动性状态转换行为——在金融危机期间的 2007 年 9 月至 2008 年 8 月和 2010 年 7 月至 10 月两个时期偏离 UIP 假说的汇率风险溢价处于高波动状态,这两个高波动状态的区间恰是美国次贷危机和欧洲债务危机对全球金融市场产生重大冲击的阶段,其余时间段处于低波动状态。本章进一步对高、低波动两种状态下宏观经济指标比较发现:在汇率风险溢价的高波动状态时,货币性因素包括汇率、利率、物价水平及其波动性都显著增加;但非货币因素如生产和消费的波动性在两种状态下并不存在显著性差异。

外汇市场的风险溢价是从投资者风险偏好角度对资本国际流动趋势、方向进行判断的重要因素。当人民币汇率的风险溢价大于零时,本币投资具有更高的收益率,会吸引更多的资金进入本国。资本的大量流入会抵消货币政策的紧缩性效果。"被动"紧缩型的政策使国际投资对投资预期的不确定性增加,促使风险溢价进入高波动状态。资产持有者会要求更高的风险补偿,这会进一步强化人民币的升值预期。此时在汇率管理上,增强资本管制和重启钉住美元的汇率稳定政策能够降低人民币汇率风险溢价的波动性,削弱国际投资者对人民币资产投资的不确定性预期,防止资本大量流出,维持经济和金融市场的稳定性。

5 人民币汇率水平调控的时机选择
——从汇率预期的视角

【本章导读】 20世纪70年代,布雷顿森林体系崩溃之后,涌现出大量对汇率定价机制的研究文献,它们主要分析了各种宏微观因素如何对汇率的未来走势、长期均衡水平及波动产生影响。在现代汇率定价的研究中,宏观经济基础、货币、汇率政策及微观交易个体的因素都具有重要作用。本章从宏观因素和微观因素两个方面对汇率预期形成进行分析的基础上,对人民币在美国次贷危机前后的人民币离岸市场即期汇率预期与实际即期汇率的差异程度进行了研究,根据马尔科夫状态转换方程进行向量自回归,将人民币汇率预期差自动区分为"高预期差"和"低预期差"两种状态,汇率水平调整应该结合这种预期差的变动趋势,在适度调整的基础上,强化市场预期的作用。

5.1 汇率预期形成的因素与机理

5.1.1 影响汇率预期形成的宏观因素

影响汇率预期形成的宏观因素是汇率经济学研究的核心问题。在宏观基本面因素视角上,利率、经济增长、通胀等宏观经济基本因素模型对汇率价格形成予以解释。通过购买力平价(PPP)(Edison & Pauls,1993)、利率平价效应、巴拉萨-萨缪尔森效应(Balassa,1964)、经常项目净值效应和外汇储备效应产生影响。

1. 购买力平价效应

购买力平价可以分为绝对购买力平价和相对购买力平价。绝对购买力平价(Purchasing Power Parity,简称为PPP)认为两国货币之间的汇率可以表示为两国货币的购买力之比,这是关于汇率定价最早的研究理论,可以追溯到15至16世纪。Sarno和Taylor(2002)指出符合PPP的汇率走势应当满足随机游走的过程,短期内汇率可以偏离PPP,但是从长期走势来看,仍将会回到PPP决定的汇率水平上。两国货币的汇率水平会根据两国通胀率的差异进行调整,两国间的相对通货膨胀决定两种货币间的均衡汇率。绝对购买力平价理论较为合理地解释了汇率的决定基础,忽略了国际资本流动等其他因素对汇率的影响。

相对购买力平价(Relative PPP)理论,认为一国较高的通货膨胀率会使本币贬值,而较低的通货膨胀率会使本币升值。Rogoff(1996)认为相对购买力平价利率通常在长期内如1年之后的汇率预测具有明显效果,Hauner等(2011)选用了55个发达国家与新兴市场国家在1996至2006年宏观数据进行研究发现,汇率形成机制的差异也会使相对购买力平价对汇率预期的影响效果产生差异。相对购买力平价在爬行钉住汇率制度下的效果最明显,其次是自由浮动的汇率制度下。

2.利率平价效应

利率平价理论(Interest Rate Parity Hypothesis)认为当国际资本可以充分流动的条件下,跨国投资者在货币市场上的套利行为可以使得以不同货币计价的相似资产收益率趋于一致,也就是说,套利资本的跨国流动保证了"一价定律"适用于国际金融市场。非抛补利率平价理论直接指出了预期汇率的变化会受到两国利率差异的影响,两个国家利率的差额等于预期汇率变化的差额。但众多的实证研究发现高利率货币在未来会升值,而低利率货币在未来会贬值。李小平等(2010)总结发现远期汇率偏移主要有四种原因:其一是由于市场的非有效所带来的投机性超额收益;其二是资产管理和市场摩擦所形成的交易成本造成的;其三是从风险溢价角度,认为投资者厌恶风险,由于内外资产的不完全替代所照成的;其四是非理性预期因素。陈蓉和郑振龙(2009)认为人民币兑美元远期汇率的远期定价偏差,本质上是由外汇市场运行的非市场化,在市场对央行操控的升贬值幅度预期不等于美元资产预期收益率时,远期定价偏差就会出现。在外汇市场上,套利机制发挥作用受到限制时,决定汇率远期升贴水的因素是预期和外汇风险溢价。

3.巴拉萨-萨缪尔森效应

该效应解释了国内外的相对劳动生产率影响一国实际汇率的传导机制。

一国的劳动生产率越高,汇率升值。而在劳动生产率降低时,汇率贬值。一般来说,贸易部门与非贸易部门相比劳动生产率较高,所以贸易部门的工资水平也较高。由于在一国的范围内,劳动力市场是统一的,劳动力资源可以充分流动。两部门的工资通过劳动力市场的调节会趋于一致。这样非贸易部门的生产者会通过提高非贸易商品的价格以补偿上涨的高工资,从而导致非贸易商品的价格升高,使得经济产出的整体价格水平升高,汇率升值的压力日趋增大。Balassa(1964)利用1960年20个国家的数据发现,当以人均国民收入作为解释变量,将购买力平价与名义汇率的比值即实际利率作为被解释变量时,两者存在明显的线性关系。Marston(1989)发现1973—1983年这11年中,日本可贸易品的劳动生产率相对于美国可贸易品的劳动生产率大幅提高,可以解释在这段时间内日元相对于美元的升值趋势。由于贸易品部门和非贸易部门的划分使得数据可得性较低,Halpern和Wyplose(1997)基于工业和服务业劳动生产率的数据,发现它们两者之间差距能够显著解释九个中东欧转型国家1995—2000年间实际汇率变动。

4. 经常项目净值效应

经常项目净值反映了一国的国际借款能力。一国经常项目逆差的增加说明一国对外借款能力减弱。在经常项目逆差的情况下,会使一国汇率贬值,而在经常项目顺差的情况下,一国汇率会升值。但是在一国经常项目从逆差向顺差逆转之前,可能在短期内会持续出现汇率升值的情形。Chinn(2006)指出经常项目和汇率波动之间的关系与冲击的来源有关:短期货币因素的冲击,使得经常项目收支改善的同时,该国汇率贬值;而长期因素如面临生产力提高的冲击时,经常项目收支改善伴随着该国汇率的升值。

5. 外汇储备效应

Fratzscher(2009)研究了2008年7月至2009年1月本次金融危机开始后54个国家相对于美元的汇率走势,在金融危机期间,平均来说,这些国家的货币在此期间贬值了23%,但外汇储备相对于GDP之比较高的国家,其货币兑美元仅贬值了7%。Aizenman和Marion(2003)以及Aizenman和Lee(2007)发现在20世纪90年代的亚洲金融危机之后,发展中国家对防止资金回流而产生的预防性需求,而非交易性需求,开始积累大量的外汇储备,而同时过量的外汇储备也会使本币的升值压力降低。

5.1.2　影响汇率预期形成的市场因素

Meese和Rogoff(1983)发现基于宏观变量的结构方程对汇率波动的预测

功能并不强于随机游走模型,即使宏观变量对汇率预期的形成具有明显的效果,但是汇率波动作为一种资产价格的波动,它会受到市场上其他诸多因素的影响。Cheung 等(2005)用近 20 年的数据验证后也发现了相似的结果,认为宏观变量在汇率预期中发挥的作用较小。这一发现开辟了从交易者行为角度研究汇率预期波动这一较新的研究领域。Frankel 和 Froot(1987)、Allen 和 Taylor(1992)、Lui 和 Mole(1998)以及 Cheung 和 Chinn(2001)将宏观经济变量作为解释汇率波动的长期趋势因素。但从短期来看,非宏观因素如新闻效应、技术分析及从众效应等是解释汇率波动的短期市场层面驱动因素。随着全球金融一体化的程度提高及外汇交易的市场化程度增强,汇率的频繁波动与资本市场价格波动特征较为近似,将会受到宏观经济指标发布及各种政治等方面的新闻冲击的影响,Engel 和 West(2004)、Faust(2005)认为汇率波动主要是由改变预期的新闻事件所引起的。但魏英辉(2009)采用 2006—2008 年的数据发现中美两国宏观基本面的新闻对美元和人民币汇率波动影响解释力度并不高。Frankel 和 Froot(1990)将汇率市场的交易者分为基本面交易者和技术面交易者,前者使用宏观因素对汇率波动形成预期,而后者基于过去的交易信息对汇率形成预期。Manzan 和 Westerhoff(2007)将上面两种交易者的行为结合起来分析发现,当汇率偏离长期均衡时,基本面交易者的行为使得汇率波动以 3% 的速度向均衡汇率调整,而技术交易者同样也对汇率向均衡值回归有所贡献。

5.1.3 影响汇率预期形成的因素机理

从上面的分析中可以看出,汇率预期的形成主要受到长期和短期因素的影响。Dreger 和 Stadtmann(2006)经过调查研究发现,在对汇率趋势的决定中,汇率研究者会依据对宏观经济基本面所形成的预期而形成汇率预期,本章分析中假设存在基于基本面分析的汇率预期者和基于市场走势形成汇率预期的技术预期者这两种汇率市场的参与者。

1.汇率预期的三种动态非理性预期机制

Frankel 和 Froot(1987)否认了汇率预期的静态机制,后来的经济学者普遍认为体现宏观因素和市场因素的汇率预期形成的机理主要有三种,分别是:外推型预期(Extrapolative Expectation)、适应性预期(Adaptive Expectation)和回归型预期(Regressive Expectation)。这三种汇率预期机制的差别在于对当前即期汇率、滞后期的即期汇率、滞后期的汇率预期及体现宏观经济基本面所决定的长期均衡基础汇率采用了不同的加权方式。

(1)外推型预期是将当前即期汇率与滞后期的即期汇率进行加权平均。Cavaglia等(1993)发现若滞后期的汇率对当前汇率预期影响的加权效应为正值,则会出现从众效应,即外汇市场的投资者会根据滞后期的走势对未来的走势形成相同的预期。如果当前货币贬值,那么未来抛售货币的力量会增强,汇率会进一步下跌;而如果当前货币升值,买入该种货币的力量亦会增强,汇率升值的趋势会进一步增强。但是也存在相反的趋势,Benassy-Quere等(2003)通过延长了滞后期的时间,发现从平均上来看,当期汇率的升值会导致未来汇率的贬值预期,虽然在短期内来看,当前汇率预期与历史走势呈现正向关系,但是将滞后期延长后,发现外推系数变为负数,这将有利于汇率波动的稳定。所以不论从长期还是短期来看,汇率预期基于当前及历史即期汇率的正向或者负向的扩散形成,人们的心理情绪在其中扮演了重要角色。

(2)适应性预期是指当前即期汇率和滞后期的汇率预期的加权平均值,表现了上一期汇率预期准确度对当前汇率预期的形成会产生的影响。Audretsch和Stadtmann(2005)通过对华尔街日报调查搜集的汇率预期值和实际即期汇率预测值采用面板回归模型进行了实证分析发现,当上一期的预期汇率与实际汇率的偏差为正值时,在本期对未来的汇率预期就会向负向调整。反之,当上一期的预期汇率与实际汇率的偏差为负值时,在本期对未来的汇率预期就会向正向调整。这与Benassy-Quere等(2003)的观点一致,认为汇率变动具有向均值恢复的特征。

(3)回归型预期是当前即期汇率与宏观经济基本面所决定的长期均衡基础汇率,重点考虑了宏观基本面的因素对汇率预期形成的影响。Marey(2004)通过模拟外汇市场的运行发现,回归型预期相对于其他汇率形成机制来说,能比较好地刻画汇率序列的数据特征,并且回归型预期也表明了汇率会向长期均衡值回归。

(4)还有学者提出了混合模型,将即期汇率、滞后期的即期汇率、滞后期的汇率预期及体现宏观经济基本面所决定的长期均衡基础汇率四者均赋予相应的权重,进而形成汇率预期。但是不论纳入几种因子作为汇率预期的形成基础,宏观经济基本面所决定的长期均衡基础汇率是汇率预期形成的主要因子,其他因素均是这个主要因子在不同时期通过汇率价格的外在表现,所以这些机制均认为交易者对未来汇率做出的判断是根据部分信息形成的,而非充分利用所有宏观基本面信息对汇率进行预测。因此,这些机制均是汇率非理性预期的形成机制。

2. 汇率预期形成机制的建模研究

假设一种货币在未来的变化率为 r，风险为 $\text{var}(r)=\sigma^2$（这里假设在信息相对充分条件下，汇率变化率的风险为 σ^2）。在绝对信息充分条件下，能够掌握绝对充足的宏观因素 $X=(X_1,X_2,\cdots,X_n)$（这里的 $X_1,X_2,\cdots,X_n$ 即 5.1.1 节中提到的宏观影响因素）。理想状态下，外汇市场的参与者对宏观信息掌握十分充分，汇率的变化率风险会趋向于 0。但是汇率市场中的投资者（包括外汇市场的分析专家、外汇市场的干预者等）对该项投资掌握的真实信息充分度为 $m(0<m<1)$，产生期望汇率升贬值幅度 $E(r/m(X))=\hat{r}$ 和该期望的方差 $\text{var}(r/m(X))=\hat{\sigma}^2$，当这些投资者能够掌握越多的宏观基本面信息时，$m\to1$，这里假设基于相同的宏观信息而形成 $Er=F(X)$ 的形成机制相同。这时他们的预期汇率升贬值幅度会趋向于真实情况下的汇率升贬值幅度，$\hat{r}\to r,\hat{\sigma}\to\sigma$。

理想状态下汇率预期形成机制的条件认为投资者能够全面掌握影响汇率波动的宏观基本面全部信息 m，这个信息即包括当期的宏观基本面信息，还包括能够根据当期基于宏观基本面的信息对未来的宏观基本面形成完全合理的信息预期，基于此再建立起合理的汇率预期值。

在非理想状态下，每一位外汇市场的投资者仅掌握了宏观基本面信息以外的部分信息，假设其信息充分度系数为 d_im；d_i 表示投资者对全部信息 m 所掌握信息充分度，$0<d_i<1$。每一位交易者根据自己所拥有的信息充分度对汇率走势进行预期，即 $E(r/d_im(X))=\hat{r}_i$；$\text{var}(r/d_im(X))=\hat{\sigma}_i^2$，进而通过所形成的预期在外汇市场上进行交易。

假设存在外汇市场的交易者 i。交易者 i 预期未来汇率的波动所能带来的收益为 $E(r/d_im(X))=\hat{r}_i$，风险为 $\text{var}(r/d_im(X))=\hat{\sigma}_i^2$，对汇率形成的预期为 S_i^e，他会在汇率尚未到达 S_i^e 时，卖出本币，买入外币。而在汇率到达 S_i 时进行相反的操作。并且所有交易者根据自己所掌控的信息，对于该汇率的最高定价为 $S_{\max}^e$（这里采用间接标价法，即本币贬值幅度最大的预期值），最低定价为 $S_{\min}^e$ 即本币升值幅度最大的预期值。汇率价格在 $(S_{\max}^e,S_{\min}^e)$ 之间时，交易活跃，因为绝大多数投资者形成的汇率预期都落在此区间内。

在非理想状态下，外汇市场还具有信息搜集的功能，一般的外汇市场参与者，不仅根据自己已有的信息 d_im 来对汇率形成预期，还会根据自己观察到外汇市场价格走势、历史预期偏差来形成对汇率未来的预期。$E(r/d_im+(S_{\max},S_{\min}))=\hat{r}_i$，风险为 $\text{var}(r/d_im+(S_{\max},S_{\min}))=\hat{\sigma}_i$。

3. 当存在外汇市场的干预者时

外汇市场的干预者(如央行、外汇平准基金等)对汇率价格的调控会参照外汇市场已有的表现——价格波动区间(S_{max}^e, S_{min}^e)和成交量分布。从干预的方法上来看,干预方可以采用直接干预或间接干预的方法对汇率的走势施加影响。直接干预是指货币当局对价格波动进行参与,修正由市场参与者共同决定的价格波动区间,直接参与外汇市场的买卖,通过在外汇市场上买进或卖出外汇来影响本币兑外币的汇率。间接干预主要指通过推行一系列的宏观政策,如货币政策或财政政策等,进而修正市场上的参与者对宏观经济未来的预期$E(X)$,其中$X=(X_1, X_2, \cdots, X_n)$,间接地影响外汇市场供求状况和汇率水平。

从一国干预方进行干预的目的上来看,分为以下三类:一是在一国汇率偏离均衡值或者目标值时,调控方会进行调控;二是在外汇出现大幅波动,较多的投机者制造市场混乱时,调控方也会出于稳定货币市场的目的进行市场干预;三是一国出于为了积累外汇储备的目的,在外汇市场上买入外币抛出本币(Canales-kriljenko et al.,2003)。

从干预的效果来看,学者(Dominguez & Frankel,1993)早期利用20世纪70年代的数据研究发现,干预操作会影响汇率的短期波动;后来众多研究发现干预对汇率水平和波动方差均有影响(Sarno et al.,2002)。较近的研究发现货币当局对汇率的干预至少在短期内能够影响汇率的动态波动行为。Taylor(2004)利用马尔科夫动态转换模型发现,在稳定状态和非稳定状态下,汇率波动与外汇市场干预呈现出非线性区别特征。当币值偏离均衡值时,干预措施能够增强其在稳定区间的概率,相对于稳定值的偏差越大,干预对汇率的影响就越大。

外汇市场的干预方通过观察外汇市场上汇率的实际波动区间(S_{max}, S_{min}),由于外汇市场中存在大量投机者,他们不依据宏观因素进行基本面分析,而只是喜欢在短线交易中享受资本利得。这些因素也都反映在汇率波动的价格中。若市场价格中的汇率波动与干预方设定的目标汇率存在偏差时,干预方会通过对汇率的波动区间进行调控,将波动区间从(S_{max}, S_{min})调整至$\varphi(S_{max}, S_{min})$,$\varphi(\varphi>0)$是外汇干预者对价格区间的干预程度。若干预者希望平稳外汇市场价格,这种情况下,$0<\varphi\leqslant1$。这个价格区间与没有外汇市场干预者时能够体现更多外汇市场干预者对期望汇率水平的信息。

一般的外汇市场参与者,不仅根据自己已有的信息$d_i m$来对汇率形成预期,还会根据自己观察到外汇市场价格走势和历史预期偏差程度来形成对汇率未来的预期。$E(r/d_i m + \varphi(S_{\max}, S_{\min})) = \hat{r_i}$，风险为 $\mathrm{var}(r/d_i m + \varphi(S_{\max}, S_{\min})) = \hat{\sigma_i^2}$。所以这一过程也存在学习效应，对未来的外汇市场价格预期形成中，也会包含反映历史市场干预程度的因素 φ。

这种对市场干预因素不断反馈的过程，使市场参与者表现出学习效应。即当市场干预程度增强时，这种"学习效应"也随之推进，在外汇市场干预者采用相同的干预策略时，外汇市场参与者对干预因素的学习效应不断增强，在干预期开始之时，外汇市场的参与者根据已有的信息 $d_i m$ 对汇率形成预期，还会根据对观察到的外汇市场价格走势、历史预期偏差等因素赋予相对较高的权重，从而汇率预期偏差较大。但随着该阶段干预措施的逐步推进，这种干预策略也逐渐被外汇市场的参与者学习，而对历史市场干预程度的因素 φ 将赋予更高的权重，汇率预期偏差将会逐渐缩小。

5.2　人民币汇率预期形成的实证研究

5.2.1　汇率预期与风险溢价的期限结构

UIP 假说用公式可表示为[1]

$$(1+i_h) = \frac{S_{t+1}^e}{S_t}(1+i_f) \tag{5.1}$$

其中 i_h 和 i_f 分别表示国内和国外的利率水平，S_t 是第 t 期的即期汇率（采用直接标价法），S_{t+1}^e 是对第 $t+1$ 期的即期汇率的预期值。对(5.1)式两边同时取对数，其中 $s_t = \ln S_t$，$s_{t+1}^e = s_t + i_h - i_f$，所以若非抛补利率平价假说成立时，$s_{t+1}^e - s_t$ 汇率预期升贬值幅度与 $\Delta s^{t-t+1\,e} = s_{t+1}^e - s_t$ 仅与国内外无风险利差有关。远期汇率对数值 f_{t+1} 是否可以用来表示汇率预期值 S_t^e 的对数值，当引入一个零均值的预测误差 ε_t，且当 $\varepsilon_t = 0$ 时对数式与抛补利率平价的表达形式一致[2]。

$$f_{t+1} = s_t + i_h = i_f + \varepsilon_t \tag{5.2}$$

远期汇率对未来即期汇率的估计的效果可以用式(5.3)来进行检验。

$$\Delta s^e = \beta_0 + \beta_1 (f_t - s_t) + \varepsilon_t \tag{5.3}$$

---

[1]　可参见 Alvarez 等(2007)对汇率风险溢价的表述与推导。

[2]　对于抛补利率平价来说，存在 $f_t^k = s_t + i_h = i_f$。其中 f_t^k 为 k 期滞后的远期汇率水平。

β_0 反映了可能包含的风险溢价和随机扰动部分，β_1 考察远期汇率是否是到期实际汇率的无偏估计，ε_t 包含具有时变特征的汇率风险溢价信息和随机扰动部分。用 $AEX_{t\to T}$ 表示在 t 与 T 时刻人民币即期汇率对数值之差，即 $t\to T$ 期限内即期汇率的对数变化值；用 $EXP_{t\to T}$ 表示 $f_t - s_t$，是人民币 NDF 市场上在 t 时刻，$t\to T$ 期限远期汇率的对数值与在 t 时刻即期汇率对数值之差。从图 5.1 可以看出，从 2007 年 5 月我国进一步推进汇率市场化改革时起至 2009 年 6 月期间，不同期限的 $AEX_{t\to T}$ 均为负值，而且随着期限的增加低于 0 值的程度也增加，说明在这个阶段人民币升值与贬值幅度随着期限的增加更为明显，这里称之为"期限效应"。在 2009 年 6 月至 2010 年 6 月期间，这种"期限效应"逐渐降为 0，因为人民币币值的预期波动幅度将为 0，因此"期限效应"也随之减弱。由于是用实际值代替预期值，这里的预期值也反映了汇率市场调控者（央行）对汇率波动调控因素的预期。而从图 5.2 中发现远期汇率对汇率制度改革之后的预期升值趋势较为缓和，在 2007 年 5 月我国进一步推进汇率市场化改革时起至 2009 年 6 月期间，汇率预期与远期汇率反映的预期之间进行比较发现，远期汇率较为缓和，虽然也存在明显的"期限效应"，但是预期人民币升值的幅度较弱。在次贷危机对我国的冲击缓和后，2010 我国重启稳定汇率的政策，在 2010 年 6 月至 2010 年 6 月期间，远期汇率仍反映出明显的"期限效应"。即较长的期限中仍会预期汇率继续贬值。在 2010 年 6 月之后，预期汇率持续升值。但在 2010 年 9 月之后预期升值的幅度逐渐减弱，甚至有小幅的贬值预期出现。

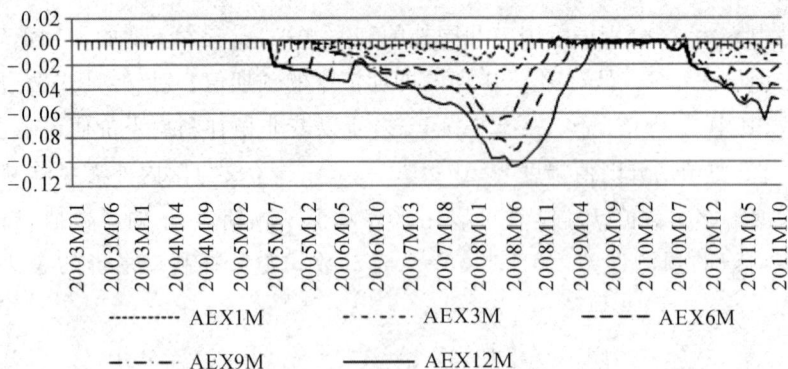

注：AEX1M、AEX3M、AEX6M、AEX9M、AEX12M 分别表示 1 个月、3 个月、6 个月、9 个月和 12 个月人民币即期汇率对数值之差。

图 5.1　即期汇率对数值之差的期限结构示意图

下面利用(5.3)式进行线性检验,其中的 Δs^e 用 $\mathrm{AEX}_{t\rightarrow T}$ 表示, $f_t - s_t$ 用 $\mathrm{EXP}_{t\rightarrow T}$ 这两个变量表示并进行线性检验,结果见表5.1。

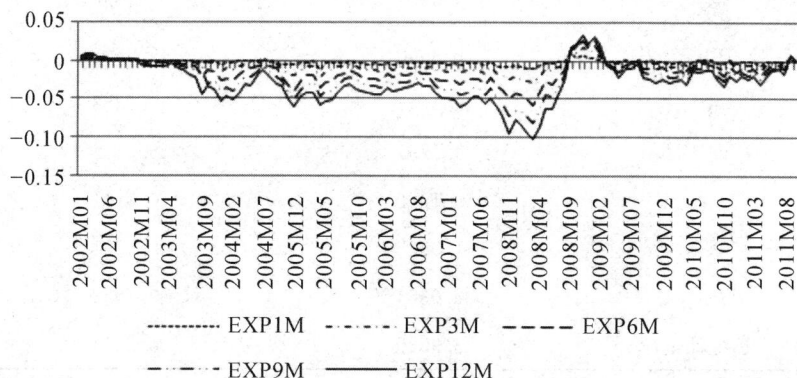

注:EXP1M、EXP3M、EXP6M、EXP9M、EXP12M分别表示1个月、3个月、6个月、9个月和12个月远期汇率的对数值与在 t 时刻即期汇率对数值之差,即人民币兑美元掉期率。

图5.2　汇率掉期率的期限结构示意图

表5.1　UIP 假说的线性检验

	全样本	子样本
β_{1m}	0.5422***	0.7595***
T-stat	4.8709	5.4151
R^2	0.1710	0.3697
F 统计量	23.7256	29.3231
β_{3m}	0.4429***	0.4429***
T-stat	6.4841	6.4841
R^2	0.2712	0.2712
F 统计量	42.0432	42.0432
β_{6m}	0.4171***	0.5947***
T-stat	5.8955	6.2350
R^2	0.2401	0.4374
F 统计量	34.7573	38.8752

续表

	全样本	子样本
β_{9m}	0.2953***	0.4469***
T-stat	3.8960	3.9555
R^2	0.1242	0.2383
F 统计量	15.1791	15.6458
β_{12m}	0.1622**	0.3111**
T-stat	1.9833	2.4251
R^2	0.0364	0.1052
F 统计量	3.9335	5.8811

注:子样本区间为 2007 年 7 月—2010 年 10 月,这与后文中研究汇率预期拐点的区间一致,主要研究在 2007 年美国次贷危机之后风险因素对汇率预期的影响。*、** 和 *** 分别表示在 10%、5% 和 1% 的显著性水平。

经过观察表 5.1 的回归结果可以发现:在全样本的区间内,方程(5.3)的回归系数在 1 个月、3 个月、6 个月、9 个月与 12 个月的回归系数均在 1% 的显著性水平下显著拒绝了 $\beta_1=0$ 的原假设。且均在 0 到 1 之间,说明远期汇率对即期汇率具有同向的预测功能,并且随着预测期限的增强,该系数 β_1 逐渐降低。在子样本区间内,系数 β_1 略高于在全样本期内的系数。以上实证结果说明人民币远期汇率能够在一定程度上对人民币汇率预期值的反映,在短期的效果优于长期;在 2007 年美国金融危机之后对汇率预期值的反映也有所增强。

对预期汇率尚未预期的部分,即远期升贴水,这里根据 Fama(1984)模型,将远期升贴水分解为预期汇率变动之差 q_t 与外汇风险溢价 p_t。

$$i_t - i_t^* = f_t - s_t = (f_t - E_t s_{t+1}) + (E_t s_{t+1} - s_t) = p_t + q_t \tag{5.4}$$

则有 $p_t = (f_t - s_t) - (E_t s_{t+1} - s_t)$。

在方程(5.3)的回归系数显著不为 1 的情况下,说明 UIP 假说并不成立。此时,远期汇率反映的升贴水幅度除与汇率预期的实际波动有关外,还与远期汇率的风险溢价 $p_t = (f_t - s_t) - (E_t s_{t+1} - s_t)$ 也存在关系。人民币汇率风险溢价的期限结构示意图见图 5.3。

从图 5.3 中可以发现,人民币远期汇率的风险溢价也存在"期限效应",期限越长波动性越大,均值逐渐降低。从偏度来看,1 个月期、9 个月期以及 12 个月期的正偏度较大,统计量均大于 1;而 3 个月期与 6 个月期正偏度较小,统计值小于 1。从峰度统计量来看,尖峰特征从 1 个月、12 个月、9 个月、6 个月到 3

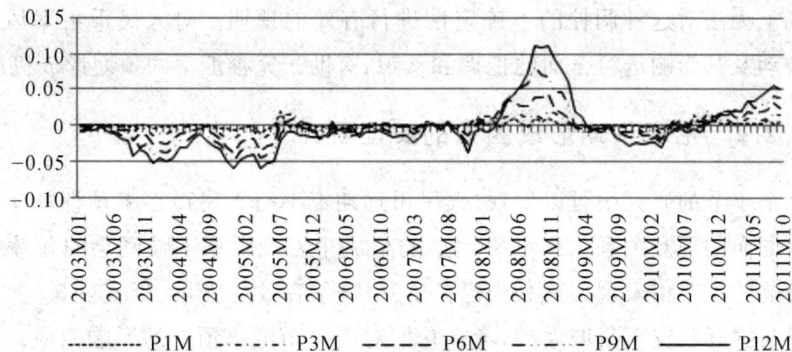

注：P1M、P3M、P6M、P9M、P12M 分别表示 1 个月、3 个月、6 个月、9 个月和 12 个月人民币远期汇率的风险溢价。

图 5.3　汇率风险溢价的期限结构示意图

个月依次递减。J-B 统计量显示，3 个月和 6 个月期的远期汇率风险溢价呈现正态的特征。

表 5.2　不同到期期限的人民币汇率风险溢价统计

	P1M	P3M	P6M	P9M	P12M
均值	0.000388	0.000228	−0.00107	−0.0026	−0.00456
中值	−0.00015	−0.00071	−0.0023	−0.00624	−0.01015
最大值	0.018617	0.019383	0.042342	0.082667	0.111513
最小值	−0.01216	−0.02168	−0.03942	−0.05058	−0.06036
标准差	0.004008	0.008551	0.016072	0.025216	0.035303
偏度	1.309632	0.131496	0.442291	1.039332	1.368549
峰度	7.376695	2.834094	3.365363	4.309488	5.104934
J-B	126.828	0.463305	4.274557	27.4117	52.65752
P	0	0.793222	0.117975	0.000001	0

从表 5.2 的分析中可以发现：远期汇率的风险溢价表示用远期汇率作为即期汇率的预期值时，未得到预测的因素。从中期来看，远期汇率对即期汇率的估计是无偏的，3 个月和 6 个月的远期汇率风险溢价满足正态无偏性。而从短期和较长期来看，由于这种非正态性的汇率风险溢价存在，使得用远期汇率作为汇率预期时，存在偏差。这里可以认为是我国的汇率形成机制中非市场因素的调控对汇率的影响使得偏离套利均衡的溢价存在一定的持续性空间，而在远

期市场上无法对这种调控的不确定性进行有效的预期。对人民币汇率风险溢价的波动及其影响进行全面的把握和认识,有助于完善汇率的预期形成机制。

5.2.2 汇率预期形成因素的实证研究

从上小节的研究中可以发现,人民币远期汇率与人民币汇率预期的实际波动具有同向的预测关系。在汇率预期的形成中宏观因素的波动会对汇率预期产生影响。本节将宏观因素分为巴拉萨-萨缪尔森效应变量、资金变量、实体经济变量与国际收支项目四大类,考察它们对人民币汇率预期的影响效应。研究样本区间为 2002 年 1 月至 2011 年 10 月,以下数据中除美元利率和 NDF 数据来自于彭博数据库,其余数据均取自 WIND 数据库。

一、巴拉萨-萨缪尔森效应变量

本节采用第二产业的劳动生产率来表示我国贸易部门的生产率,采用第三产业的劳动生产率来表示我国非贸易部门的生产率,它们分别是对我国季度GDP 中的第二产业和第三产业产值数据除以相应的季度就业人数,再将第二产业与第三产业的劳动生产率采用 Eviews 中的 X11 方法进行季节调整后相比,得到中国的相对劳动生产率。对美国劳动生产率的计算,采用美国劳动局(http://www.bls.gov/)对制造业部门(Manufacturing Sector)和非农部门(Non-farm Business Sector)劳动生产率的季度统计数据,将制造业部门和非农业部门劳动生产率相除得到美国的相对劳动生产率。再采用求平均数的方法,将其月度化,得到相应的月度劳动生产率数据。

从图 5.4 可以看出,我国第二和第三产业的劳动生产率在样本期内均呈现持续增长的态势,相对劳动生产率维持在相对稳定的水平。但是在 2007 年初和 2008 年初期出现了 2 个拐点,在 2007 年初,第三产业的劳动生产率开始出现大幅上涨,相对劳动生产率大幅下降。2008 年中期开始,受金融危机冲击的影响,第二产业劳动生产率和第三产业的劳动生产率均有小幅下降,而第二产业劳动生产率下降的幅度高于第三产业,相对劳动生产率下降的趋势进一步明显。

见图 5.5,从美国制造业部门和非农部门的劳动生产率比较来看,非农部门的劳动生产率始终低于制造业部门的劳动生产率。而从 2008 年 5 月开始,非农部门的劳动生产率先于制造业部门的劳动生产率出现了下滑,从 2008 年 9月开始,后者才出现大幅下滑,直到 2010 年 5 月才有所恢复,超过了非农部门的劳动生产率,而在这期间,非农部门的劳动生产率有所升高。由此可得,相对

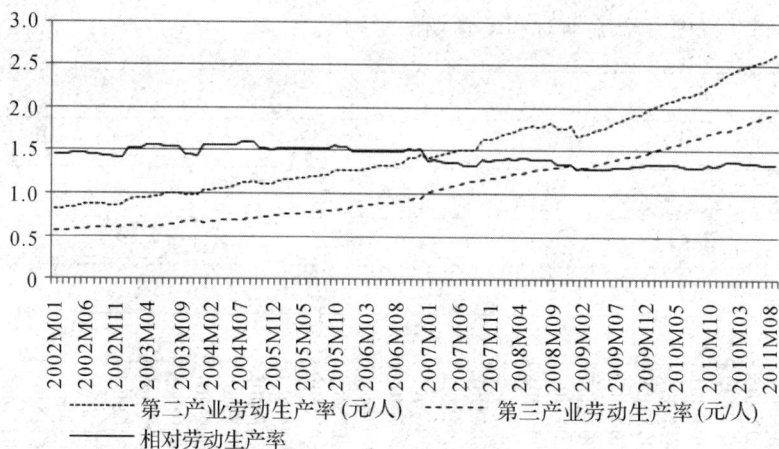

------- 第二产业劳动生产率(元/人) ------- 第三产业劳动生产率(元/人)
——— 相对劳动生产率

图 5.4 中国劳动生产率

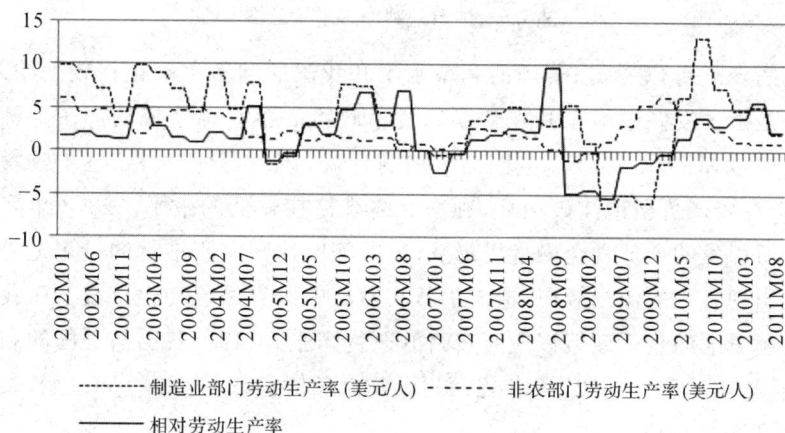

------- 制造业部门劳动生产率(美元/人) ------- 非农部门劳动生产率(美元/人)
——— 相对劳动生产率

图 5.5 美国劳动生产率

劳动生产率在金融危机期间的 2008 年 5 月至 2010 年 9 月,形成一个 U 型的曲线,在 2005 年至 2006 年这两年间,美国相对劳动生产率也呈现了一个较小的峰谷。

二、资金变量

资金变量用国内外利差水平 I 来表示,国内利率水平 i_h 选取我国一个月期银行间同业拆借市场的月度平均利率,该指标市场化程度高,能够反映资金市场的供求情况。国外利率水平 i_f 选取一个月期美国国债的月度平均利率。这里用 I 表示国内外利差,即国内利率 i_h 与国外利率水平 i_f 之差。本节选用一个月期的利率水平来反映国内外资金市场的供需状况,主要考虑在货币市场上存在套利动机的资金流动对利率预期的影响[①]。

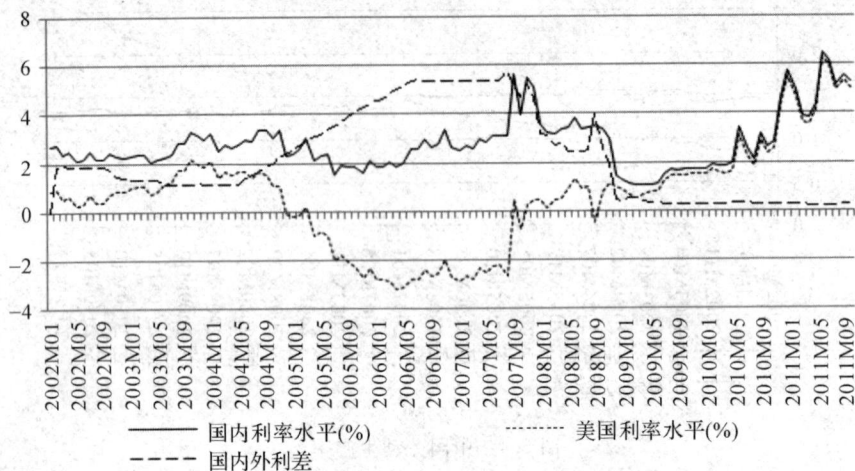

图 5.6　国内外利差水平示意图

从图 5.6 可以看出,美国的利率水平和我国的利率水平存在较大的差异。这主要是由于发展中国家和发达国家货币政策的不对称造成的。在金融危机之前的阶段,自 2005 年起,美国为了抑制日益高企的资产价格,逐步收紧货币政策,但在资产价格泡沫破灭后,利率始终维持在较低的水平。2008 年美国次贷问题所引发的全球性金融危机爆发,美国等发达国家所推行的量化宽松的货币政策出现较大的溢出效应,造成了新兴发展中国家的流动性泛滥。而我国采取了持续紧缩的货币政策以应对较高的通货膨胀。因此,我国与美国的利差在 2005 年之前为正值,在 2005 年之后逐渐降至负值状态,从 2009 年开始,又回归正值并且逐渐上升。

三、实体经济变量

实体经济中的产出缺口和物价水平反映了我国实体经济的运行情况。

产出缺口利用我国和美国工业增加值月度增长率数据(比去年同期增长),分别计算两国产出缺口的变动。首先利用季节调整法 Census12 将季节因素和不规则性因素剔除,再用 HP 滤波法计算潜在产出水平,两者相减可得产出缺口的月度数据,中国与美国的产出缺口数据分别用 CGAP 和 UGAP 表示。

从图 5.7 中可以看出,2008 年金融危机爆发前后,美国和中国的产出缺口

---

① 这里仅采用一个月期的利率水平,没有选取不同期限中的利率水平,一是由于在样本期内不同期限的利率水平相关程度较高;二是因为我国的利率水平曲线在样本期内并不完整,长期利率水平存在缺失。

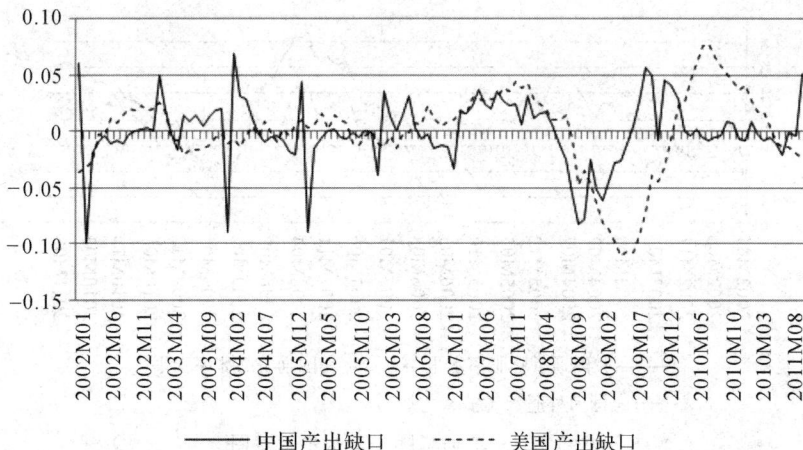

图 5.7　中国和美国产出缺口示意图

出现了大幅波动。在金融危机爆发前的 2007 年,中国和美国的实际产出均大于潜在产出,出现了产能过剩的情形。而在金融危机爆发后的 2008 年中期开始,实体经济的投资热情降低,中美两国的产出缺口均向负值下滑,实际产出低于潜在产出,出现了产能不足的情形。但我国先于美国推出了一系列刺激经济增长的措施,较快地使实际产出增加。相比之下,美国虽然推行量化宽松的货币政策,但是经济仍较难走出低谷,潜在产出亦有所降低,2010 年之后又一次出现了一个产能过剩的峰谷。

物价水平变量,采用消费者价格指数(CPI)表示,选取当月同比值变化值(上年同期=100)。这里用 PI 表示国内外通货膨胀率之差,即国内通胀水平 p_h 与国外通胀水平 p_f 之差。我国的通货膨胀率水平和美国的通货膨胀率水平相比较起来,波动性较大。如图 5.8 所示,在 2005 年至 2006 年,我国的通胀率水平较高。但 2009 年受金融危机的冲击,下降幅度较大,之后又有所反弹。美国通胀水平在次贷危机之后虽然有所下降,2010 年到 2011 年也有反弹,但是幅度都不及我国的。

四、国际收支项目

国际收支项目包含经常项目和资本项目两个方面,本节选取了贸易顺差、外汇储备净变化量和外商投资变量三个变量来表示。

贸易顺差采用国际收支平衡表中经常项目净值表示,经过季节调整后除以当期 GDP 总量,可以反映贸易顺差在国民经济中的比重。中国和美国的贸易顺差净值分别用 CCURAT 和 UCURAT 表示。

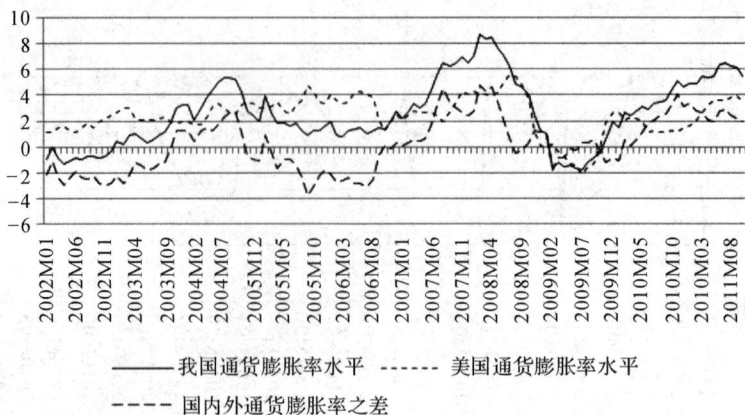

我国通货膨胀率水平   ----- 美国通货膨胀率水平

----- 国内外通货膨胀率之差

图 5.8   中美通货膨胀率水平示意图

——我国贸易顺差水平占 GDP 比重

——美国贸易顺差水平占GDP比重

图 5.9   中国和美国经常项目净值占 GDP 比重示意图

我国外汇储备占 GDP 的比重用 DFER 表示,外商直接投资占 GDP 的比重用 DFDI 表示。分别用国际收支平衡表中的储备资产中外汇资产的净值与资本和金融项目中的外商在华直接投资净值[①]与当期 GDP 总量(月度化后)相除后获得,以反映储备资产和外商直接投资变动占国民经济总量的比重。

从图 5.9 比较可以看出,中国在样本期内,基本出现的是经常项目顺差的状态,除在 2004 年、2010 年与 2011 年初时,出现过几次短暂的逆差状况。在 2008 年 9 月达到最高值至 0.5%,一是由于贸易顺差额在该月有所激增;二是由于 GDP 自 2008 年中期开始增速有所放缓。美国的经常项目净值在样本期表现为负值,即仅呈现出贸易逆差的状态,但是从 2009 年 1 月开始,从负值状态在 −5% 的水平升至 −2%,这是由国内市场需求紧缩造成的。

见图 5.10,我国的外商投资在 2002 年之前占 GDP 比重在 0.1% 至 0.2% 之间,而在 2006 年之后有所降低,在 0.1% 附近徘徊。2007 年次贷危机之后,FDI 的比重进一步降低。

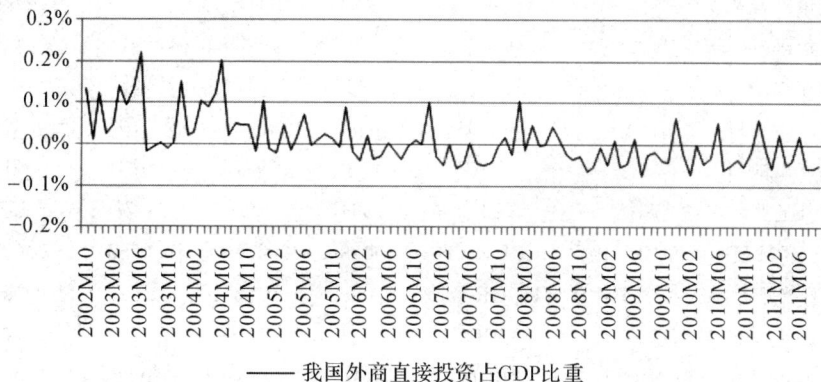

—— 我国外商直接投资占GDP比重

图 5.10　我国外商直接投资占 GDP 比重示意图

我国外汇储备占 GDP 的比重自 2002 年起,始终处在上升趋势,已从 7% 左右上升至 25% 以上,但在 2010 年初与 2011 年中期出现了两次下降。由于我国的外汇储备形成是央行结汇或者在货币市场上对冲美元积累的,有助于维持币值稳定,这两次下降趋势均是在人民币面临贬值压力时形成的,外汇储备占 GDP 比重的降低,是由于央行对人民币币值放松了管制。

①　这里外汇资产的净值是指国际收支平衡表中借方与贷方的差额;资本和金融项目中的外商在华直接投资净值是指国际收支平衡表中贷方与借方的差额。

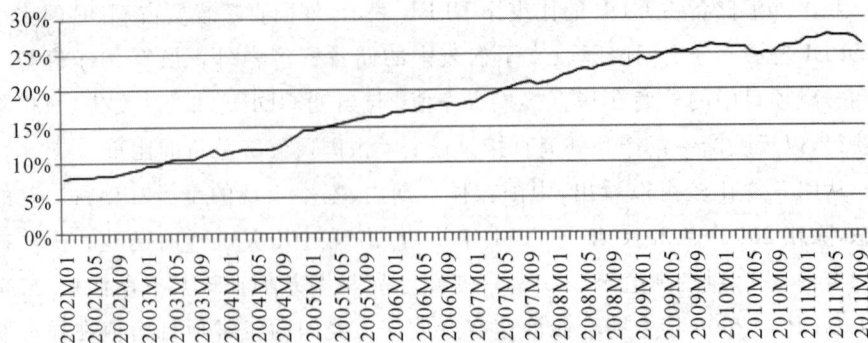

—— 我国外汇储备占GDP比重

图 5.11 我国外汇储备占 GDP 比重示意图

表 5.3 基本宏观变量的统计性描述

		均值	方差	最大值	最小值
中国相对劳动生产率	CLP	1.4324	1.4195	1.6032	1.2869
美国相对劳动生产率	ULP	1.7421	1.8000	9.6667	−5.4167
国内外利差	I	0.5869	0.8453	6.2692	−3.2
中国产出缺口	CGAP	0.0000	−0.0012	0.0702	−0.0998
美国产出缺口	UGAP	0.0000	0.0046	0.0781	−0.1101
国内外通胀水平之差	PI	0.1864	0.2	4.7	−3.8
中国经常项目净值占 GDP 比重	CCURAT	0.0018	0.0016	0.0050	−0.0021
美国经常项目净值占 GDP 比重	UCURAT	−0.0382	−0.0372	−0.0202	−0.0522
中国外汇储备增量	FER	0.1835	0.1809	0.2781	0.0779
FDI 占 GDP 比重	FDI	0.0010	0.0010	0.0021	0.0006

基于表 5.3 及如下方程,实证结果如表 5.4 所示,其中 $EXP_{t \to T}$ 的下标 $t \to T$ 表示汇率的预期期限:

$$\lg(EXP_{t \to T}) = c + \beta_1(CLP) + \beta_2(ULP) + \beta_3(I) + \beta_4(CGAP) + \beta_5(UGAP) + \beta_6(PI) + \beta_7(CCURAT) + \beta_8(UCURAT) + \beta_9(DFER) + \beta_{10}(DFDI)$$

表 5.4 基于宏观因素的人民币汇率预期回归结果

	EXP_{1m}	EXP_{3m}	EXP_{6m}	EXP_{9m}	EXP_{12m}	EXP_{2y}	EXP_{5y}
CLP	0.1948***	0.1936***	0.1917***	0.1937***	0.1856***	0.1401*	0.0142
	(5.2267)	(5.1467)	(4.6007)	(4.1909)	(3.5411)	(1.8079)	(0.098)
ULP	−0.0022***	−0.002***	−0.0017***	−0.0015***	−0.0012	−0.0006	−0.0054***
	(−3.657)	(−3.3105)	(−2.6244)	(−2.004)	(−1.4531)	(−0.4874)	(−2.3265)

续表

	EXP_{1m}	EXP_{3m}	EXP_{6m}	EXP_{9m}	EXP_{12m}	EXP_{2y}	EXP_{5y}
I	−0.008***	−0.0071***	−0.0059***	−0.0049***	−0.0039***	0	0.0079
	(−6.8807)	(−6.029)	(−4.5007)	(−3.390)	(−2.3454)	(0.0022)	(1.7277)
CGAP	0.1034*	0.0678	0.0193	−0.0363	−0.0832	−0.2892***	−0.7113***
	(1.9506)	(1.2678)	(0.3262)	(−0.553)	(−1.1168)	(−2.6256)	(−3.4486)
UGAP	0.0949*	0.0705	0.0543	0.0374	0.0244	−0.1035	−0.1682
	(1.9281)	(1.4199)	(0.9867)	(0.6132)	(0.3529)	(−1.012)	(−0.8783)
PI	−0.0008	−0.0017*	−0.0033***	−0.0047***	−0.0061***	−0.0087***	−0.0143***
	(−0.8336)	(−1.7531)	(−3.0161)	(−3.955)	(−4.5169)	(−4.3371)	(−3.8144)
CCURAT	−0.1225	1.1346	2.3932	3.0578	4.1453*	7.5259**	8.8459
	(−0.0808)	(0.7417)	(1.412)	(1.627)	(1.9443)	(2.3885)	(1.4992)
UCURAT	−0.2353	0.0469	0.4416	0.7982	1.1105**	1.7479**	0.0334
	(−0.6282)	(0.1241)	(1.0543)	(1.7183)	(2.1075)	(2.2446)	(0.0229)
DFER	−1.1428***	−1.1578***	−1.1696***	−1.1668***	−1.1742***	−1.3107***	−1.5267***
	(−22.026)	(−22.113)	(−20.161)	(−18.137)	(−16.090)	(−12.152)	(−7.5591)
DFDI	−12.883***	−13.384***	−14.699***	−15.796***	−15.919***	−21.4735*	−24.01
	(−2.177)	(−2.2411)	(−2.2216)	(−2.1528)	(−1.9126)	(−1.7457)	(−1.0424)
常数项	1.9657***	1.974***	1.9846***	1.9867***	2.0013***	2.0893***	2.2264***
	(35.4164)	(35.2436)	(31.9804)	(28.8689)	(25.6366)	(18.1097)	(10.3052)
R^2	0.9783	0.9775	0.972	0.9653	0.9551	0.9097	0.7763
F统计量	436.8188	421.5888	336.4941	269.5534	206.2493	97.7134	33.6535

基于下式方程的实证结果如表5.5所示,加入了 DUM 这一虚拟变量。

$$\lg(EXP_{t \to T}) = c + \beta_1(CLP) + \beta_2(ULP) + \beta_3(I) + \beta_4(CGAP) + \beta_5(UGAP) + \beta_6(PI) + \beta_7(CCURAT) + \beta_8(UCURAT) + \beta_9(DFER) + \beta_{10}(DFDI) + \beta_{11}DUM$$

表 5.5 基于宏观因素的人民币汇率回归结果 (存在虚拟变量时)

	EXP_{1m}	EXP_{3m}	EXP_{6m}	EXP_{9m}	EXP_{12m}	EXP_{2y}	EXP_{5y}
CLP	0.1424***	0.1378***	0.1256***	0.1204***	0.1051**	0.0283**	0.0364
	(3.8701)	(3.7486)	(3.1295)	(2.704)	(2.0658)	(0.3718)	(0.2343)
ULP	−0.002***	−0.0013***	−0.001***	−0.0006	−0.0003	0.0007	−0.0056***
	(−2.7466)	(−2.3504)	(−1.5712)	(−0.9084)	(−0.3555)	(0.5887)	(−2.3445)
I	−0.007***	−0.0064***	−0.0051***	−0.004***	−0.0028*	0.0014	0.0076
	(−6.7449)	(−5.8613)	(−4.2303)	(−3.0151)	(−1.8794)	(0.6223)	(1.6416)
CGAP	0.0866*	0.05	−0.0018	−0.0597	−0.1089	−0.3248***	−0.7042***
	(1.7589)	(1.0161)	(−0.0327)	(−1.0023)	(−1.5999)	(−3.187)	(−3.3882)
UGAP	0.0696	0.0436	0.0223	0.002	−0.0145	−0.1575*	−0.1575
	(1.5122)	(0.948)	(0.4454)	(0.0359)	(−0.228)	(−1.6547)	(−0.8116)

续表

	EXP_{1m}	EXP_{3m}	EXP_{6m}	EXP_{9m}	EXP_{12m}	EXP_{2y}	EXP_{5y}
PI	0.0006	−0.0002	−0.0015	−0.0028***	−0.004***	−0.0057***	−0.0149***
	(0.631)	(−0.2174)	(−1.4139)	(−2.3837)	(−2.9963)	(−2.8752)	(−3.695)
CCURAT	0.3989	1.6896	3.0514**	3.7876***	4.9473***	8.6384***	8.6253
	(0.2828)	(1.1992)	(1.9838)	(2.2206)	(2.5385)	(2.9608)	(1.4497)
UCURAT	0.0169	0.3154	0.76**	1.1512***	1.4984***	2.2861***	−0.0733
	(0.0478)	(0.8955)	(1.9768)	(2.7003)	(3.0762)	(3.1349)	(−0.0493)
DFER	−1.018***	−1.0248***	−1.0118***	−0.9919***	−0.9819***	−1.0439***	−1.5796***
	(−17.9032)	(−18.0424)	(−16.3186)	(−14.425)	(−12.4986)	(−8.876)	(−6.5856)
DFDI	−9.5091*	−9.7925*	−10.4406*	−11.0735	−10.7292	−14.2746	−25.4372
	(−1.7151)	(−1.7679)	(−1.7267)	(−1.6514)	(−1.4004)	(−1.2446)	(−1.0875)
DUML	−0.031***	−0.0325***	−0.0386***	−0.0428***	−0.047***	−0.0652***	0.0129
	(−4.1192)	(−4.3889)	(−4.7679)	(−4.7674)	(−4.5855)	(−4.2489)	(0.4131)
常数项	2.0345***	2.0473***	2.0715***	2.083***	2.1071***	2.2361***	2.1973***
	(37.6236)	(37.895)	(35.1243)	(31.8496)	(28.1982)	(19.9892)	(9.6316)
R^2	0.9815	0.9813	0.9773	0.9719	0.9632	0.924	0.7767
F统计量	464.0216	457.1719	376.5079	302.0065	228.1222	106.0882	30.348

注:虚拟变量 DUM 在 2007 年 7 月—2010 年 10 月之间取 1,其余时间均取 0。以反映由于全球次贷金融危机因素对汇率预期的影响。

表 5.4 和表 5.5 以 EXP_{t-T} 为因变量,以巴拉萨-萨缪尔森效应变量、资金变量、实体经济变量与国际收支项目四大类宏观因素解释变量,估计结果表明以下几点结论:

(1)宏观因素对不同期限的汇率预期形成的解释力存在差异,随着期限的增长,解释力有所减弱。当被解释变量中不存在表示金融危机的虚拟变量进行回归时,宏观因素对 EXP_{1m} 进行回归时的 R^2 为 0.9783;而在对 EXP_{12m} 进行回归时 R^2 降为 0.9551;在对 EXP_{5y} 进行回归时 R^2 为 0.7763。加入虚拟变量 DUM 之后,被解释变量模型回归的 R^2 说明在期限最短时解释力度最高,而在期限最长时,解释力度最低。如宏观因素对 EXP_{1m} 进行回归时的 R^2 为 0.9632;而在对 EXP_{12m} 进行回归时 R^2 降为 0.9632;在对 EXP_{5y} 进行回归时 R^2 为 0.7767。

(2)加入表示全球金融危机时段的虚拟变量 DUM,不同期限的汇率预期回归方程的解释力度有所增加,即 R^2 均有提升。在金融危机期间,DUM 赋值为 1,其他时间赋值为 0 时,在所有期限的回归方程中,DUM 的回归系数显著为负,说明金融危机期间人民币具有明显的贬值预期。

(3)不同因素在对不同期限的汇率预期值形成中影响程度存在差异。从表 5.4 的回归结果中可以将影响汇率预期的宏观因素分为以下四类:形成短期汇率预期的宏观因素、形成长期汇率预期的宏观因素、对长期和短期的汇率预期均会产生影响的宏观因素和不会对汇率预期产生影响的宏观因素。

①在短期内对汇率预期产生影响的宏观因素是国内外利差 I。国内外利差对 12 月之内的远期汇率产生显著影响,而对 2 年和 5 年的长期汇率预期的回归系数并不显著。并且系数均为负值,说明国内利率水平高于国外利率水平时,将会在远期市场上在短期(12 个月之内)形成人民币升值的预期。这就与 UIP 假说不相符,说明国际资本进入我国后,存在享受汇率风险溢价的空间。

②形成长期汇率预期的宏观因素:我国产出缺口 CGAP 在 2 年和 5 年分别会对远期市场上的汇率预期产生显著的负向影响,而在短期内并无显著的影响。说明在产出缺口为正,社会实际总需求超过了可提供的潜在产出水平时,供不应求的经济繁荣时代即将到来,汇率在长期内出现贬值预期。而在产出缺口为负,即社会可提供的潜在产出水平超过了实际总需求,供过于求的衰退时代到来时,汇率在长期内出现升值预期。这一现象说明,产出缺口作为反映宏观经济表现的周期性因素,虽然在短期内对汇率预期形成尚未表现出明显的作用,但是由于人们对周期性拐点的预期在长期内存在,认为存在明显逆转时机,这会对汇率在长期内的预期产生影响。

国内外通胀水平之差 PI 会对 6 个月之后汇率预期形成产生影响。国内通胀水平高于国外通胀水平时,对未来汇率的预期会在 6 个月之后出现明显的升值趋势,可以进一步推断这种预期的形成主要是针对货币政策调整的反应。在短期内,对汇率预期的形成并无明显的影响,而在长期内,我国的相对通胀水平较高时,会对货币政策的调整产生紧缩预期进而使人民币汇率存在升值压力;而当我国的相对通货膨胀水平较低时,人们会对货币政策向宽松方向的调整产生预期,使得人民币汇率存在贬值压力。

中国经常项目净值占 GDP 比重 CCURAT 以及美国经常项目净值占 GDP 比重 UCURAT 在 12 个月至 2 年的期限范围内,对人民币汇率预期的影响系数均是正向的。在我国经常项目净值增加,顺差占 GDP 的比重增大时,人民币汇率会出现贬值趋势;而同时在美国经常项目净值增加,其顺差占 GDP 的比重增大时,也会出现人民币汇率贬值的趋势。在短期内,经常项目净值占 GDP 的比重与人民币汇率预期的影响并不明显。美国经济作为高度依赖外部供给的经济体,美国经常项目净值占 GDP 比重均为负值,当负值降低时,美国经济中进口减少,反映美国经济处在经济周期的低迷时期,这会使人民币币值在国际社会承受诸多压力而趋向贬值。

③对长期和短期的汇率预期均会产生影响的宏观因素有如下几种:

中国相对劳动生产率(CLP)与一年之内的汇率预期呈正相关关系,而美国相对劳动生产率(ULP)与除 12 个月与 2 年期限的汇率预期之外,与其他期限的汇率预期均呈正相关关系。这说明我国的实际情况与巴拉萨-萨缪尔森效应预计的结果并不相符。张明和何帆(2010)认为由于中国的相对劳动生产率一直以来显著高于发达国家,这决定了长期内人民币对发达国家货币的实际汇率必然会持续升值。但是我们发现在短期内,相对劳动生产率的提高并不有助于汇率形成升值预期,而在长期内,却有助于人们对人民币汇率形成贬值预期。我国使用巴拉萨-萨缪尔森效应存在若干约束条件,如在制造业部门生产率提高的同时,存在大量农村剩余劳动力向城市转移,生产率的提高并未带来工资水平的上升;另外大量出口产品集中在劳动密集型产品,由于该类产品的大量出口,也使得贸易条件有所恶化,影响巴拉萨-萨缪尔森效应通过工资、物价渠道对汇率产生影响(卢锋、韩晓亚,2006)。但同时美国的相对劳动生产率对汇率预期的系数显著为负,这与实际经济周期存在联系,在美国处在繁荣周期,美国相对劳动生产率水平较高(如图 5.5),人民币受到的国际升值压力降低,我国央行进行稳定币值的干预较少,进入升值周期,因此短期内会呈现出人民币兑美元的升值预期。

中国外汇储备占 GDP 的比重 FER 与各个期限的人民币预期形成均呈现负相关的关系,说明我国外汇储备的持续增长与人民币的升值预期同时存在,外汇储备的积累降低了国际资金外逃时的兑付风险,有利于增强持币者的信心。

FDI 占 GDP 比重 FDI 对汇率预期的形成,除 5 年期限之外,在其他期限内均能产生显著的负向影响。说明 FDI 占 GDP 的比重增加时,在货币市场上将形成汇率升值的预期,这是国外投资者对我国实体经济投资热情升高的表现。

另外在回归中发现,美国产出缺口 UGAP 不会对汇率预期产生显著影响,这说明人民币兑美元的汇率与美国实体经济波动的相关性较弱。

从上面的分析中可以看出:本章分析的四大类宏观变量巴拉萨-萨缪尔森效应变量、资金变量、实体经济变量与国际收支项目四大类对不同期限的汇率预期具有明显地差异。总体来说,巴拉萨-萨缪尔森变量对汇率预期的影响与理论估计的情形相反,因为,虽然我国第二产业劳动生产率要高于第三产业,但作为一种长期趋势,尚未对汇率预期产生实质影响,同时我国第三产业,代表非出口产业的劳动生产率在样本期间特别是金融危机之后增幅有所提高,使得相对劳动生产率在样本期间内呈现下降的态势,而人民币在样本期内总体呈现升值趋势,可以理解为对前期尚未达到均衡汇率,汇率水平的调整存在"滞后性"效应,需要配合汇率政策以助推汇率向合理均衡值调整。资金变量产生的效应与 UIP 假说也存在不相符的特性,即在短期内国内利率高于国外利率仍使得远期汇率预期升值。实体经济变量中的通货膨胀和产出缺口因素均会在长期内对汇率预期产生影响,这是对政策调整时点的时滞反应,如在相对膨胀水平较高时,人们会预期到紧缩性的货币政策在中长期内会推行,进而影响较长期限内的汇率预期;国际收支项目对汇率的影响较为明显地反映出经常项目对中长期汇率预期产生影响时,存在政策调整预期。所以从上面的分析中可以看出,货币因素即利率因素对中短期限内的市场汇率预期会产生作用,而从较长期来看,其他的宏观因素较多基于"政策调整"渠道对汇率预期产生影响。

5.3 人民币汇率预期差拐点与汇率水平调控的时机选择

识别拐点的方法可以分为两种:一种是对数值指标进行划分,选取合适的门槛值,以判断拐点是否形成,但是这种方法存在一定的主观性,门槛值选定直接影响了对拐点时间的判断,并且孤立于其他经济变量,没有将其他经济因素考虑进来,以反映其他宏观因素所形成的经济状态条件对预期差拐点形成的因素的影响。经过 Hamilton(1989,1993,1994,1996)、Hamilton 和 Raj(2002)以及 Hamilton 和 Chauvet(2006)研究和发展与应用,基于马尔科夫状态转换模型具有状态识别的能力,能够发现状态转换的内生性。本节选用基于马尔科夫状态转换的向量自回归模型对汇率预期差拐点的形成进行解释,以发现汇率预期差拐点形成的深层次经济原因。

5.3.1 识别汇率预期差拐点的研究方法:MSVAR

根据 Kumah(2007)的做法,本章运用马尔可夫向量自回归模型来刻画 2002 年 1 月至 2011 年 10 月期间人民币汇率预期差拐点出现的经济环境。在不可观测的 2 种状态下,考虑将 $y_t = (ep_t, w_t, vix_t, ud_t)$ 作为时间序列观测数据变量,则有

$$y_t - \mu(s_t) = A_t(s_t)(y_{t-1} - \mu(s_{t-1})) + \cdots + A_p(s_t)(y_{t-p} - \mu(s_{t-p})) + u_t \quad (5.5)$$

其中,基于状态 s_t 的误差项 $u_t \mid s_t \cdot NID(0, \sum(s_t))$。这个即是一个 p 阶 M

个状态的马尔科夫向量自回归模型。$\mu(s_t)$,$A_1(s_t)$,$\cdots$,$A_p(s_t)$ 以及 $\sum(s_t)$ 描述的是在特定的状态 s_t 下 μ,A_1,$\cdots$,A_p 的值,s_t 是一组马尔科夫链的离散随机变量,它的转换概率由下式表示:

$$p_{ij} = \text{prob}(s_{t+1} = j \mid s_t = i), \sum_{j=1}^{M} p_{ij} = 1, \forall\, i,j \in \{1,\cdots,M\} \qquad (5.6)$$

这里用带截距项的异方差向量自回归模型($\text{MSIH-VAR}(p)$)表示区制转换后会有一段平滑的调整过程。用截距项 $v(s_t)$ 的区制转移将等同于对白噪声序列 u_t 产生一个等量冲击。而(5.5)式表示均值 u_t 的一次性转移,将会引起观测变量的立即跳跃,即

$$y_t = v(s_t) + A_t(s_t)(y_{t-1}) + \cdots + A_p(s_t)(y_{t-p}) + u_t \qquad (5.7)$$

5.3.2　数据选取与统计性描述

一、数据的选取

样本选取的区间为 2007 年 1 月 1 日至 2011 年 10 月 31 日的日度数据。

其中 ep_t 是即期汇率的预期差。采用彭博数据库中货币市场分析师对即期汇率的预期值,利用求算术平均值的方法算出即期汇率的预期值[①]。并预期值与实际即期汇率的相减,得到人民币汇率预期偏差 ep_t。从图 5.12 可以看出,人民币汇率的预期值与实际即期汇率的波动基本一致。人民币汇率预期差在 2007 年至 2008 年初期在 -0.35 至 -0.15 之间,说明货币市场上的分析师对人民币汇率预期普遍存在升值预期。而在 2008 年 8 月开始,预期差逐渐降低,直至在 2010 年 2 月,人民币汇率的预期差维持在 0 至 -0.15 之间波动。自 2005 年 2 月之后升值预期又有所增加,波动幅度也随之增大,预期差在 -0.1 至 -0.25 之间波动。这与谷宇等(2008)得到的观点一致,他们也发现基于利率平价理论,中美正利差将导致人民币贬值,但在短期内,给人民币带来的却是升值的压力。

汇率风险溢价 w_t 的计算采用第四章中的计算方法,人民币兑美元的名义即期汇率 S_t(采用直接标价法)选取月度期末数。人民币远期汇率 F_{t+1} 用一个月远期海外美元兑人民币无本金交割远期(Non-Deliverable Forward, NDF)的市场汇率表示。偏离 UIP 假说的人民币汇率风险溢价 w 采用如下算法计算得出。

---

① 上文由于要研究长短期效应,故采用远期汇率作为汇率预期的替代变量,而由于存在风险溢价等因素存在"远期汇率偏差"。这里采用的分析师对即期汇率的预测值能更准确地反映外汇市场上对即期汇率预期变化,分析师预测变量在长期和短期内的数据上不完备,故在 5.2 节中没有使用该变量。

美元兑人民币

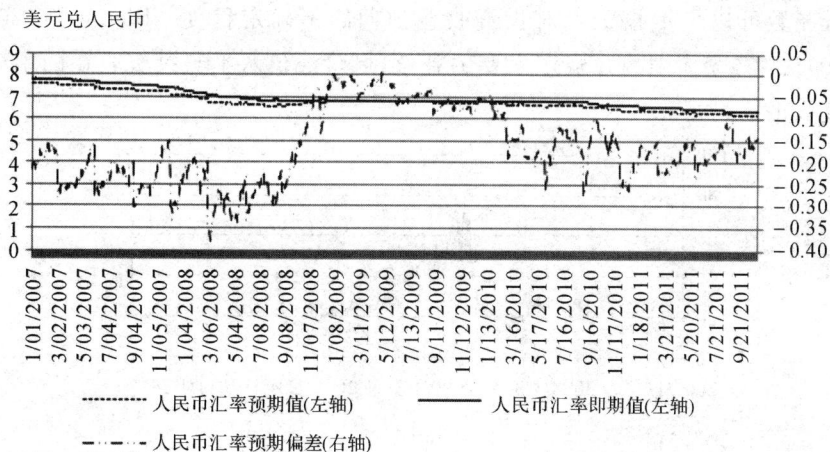

---------- 人民币汇率预期值(左轴)　　　────── 人民币汇率即期值(左轴)

— · — · — 人民币汇率预期偏差(右轴)

图 5.12　人民币汇率即期值与预期值及预期差的变化示意图

$w_t = i_h - i_f + s_t - f_t$,其中 $s_t = \ln S_t$,$f_t = \ln F$,期限选取一个月期的风险溢价。

从图 5.13 中可以看出,汇率风险溢价在 2007 年处在相对平稳的阶段,波动幅度有所增加。从 2008 年开始有一个突降的过程,降至 -0.02 的负值水平,之后又从负值逐渐升为正值。在 2008 年末至 2009 年初,处在一个较高的正值水平。从 2009 年中期至 2010 年初又进入了低波动状态。自 2010 年 2 月开始,波动幅度又有所增加。

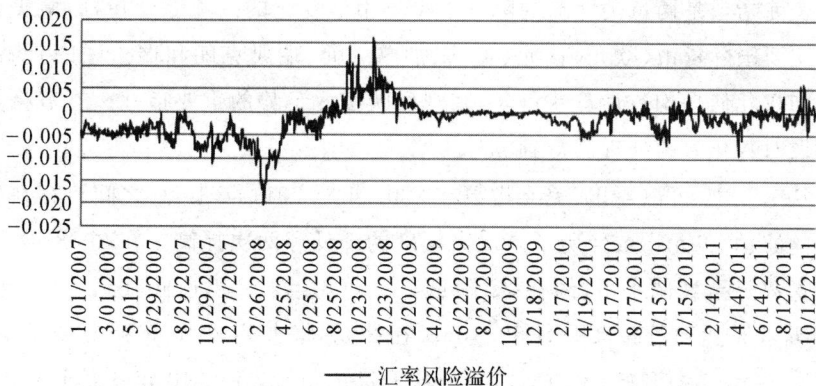

────── 汇率风险溢价

图 5.13　人民币汇率风险溢价变化示意图

VIX(芝加哥期权交易所波动率指数 Chicago Board Options Exchange Market Volatility Index)表示标准普尔 500 指数的波动率水平,反映投资者对未来股票市场波动性的预期。当 VIX 指数较高时,投资者预期未来股价指数的波动越剧烈;当该指数降低时,投资者认为未来的股价波动将趋于缓和,所以

VIX 指数可以表示投资者对投资收益预期的不确定程度。Bloom 等（2008，2009）认为投资者对风险资产索要的补偿，风险溢价水平与投资收益的不确定程度成正相关关系。

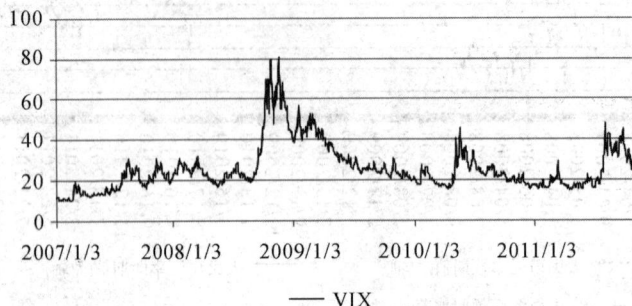

图 5.14   VIX 指数波动示意图

VIX 指数在样本期内的波动如图 5.14 所示，VIX 指数在 2007 年初至 2008 年中期处在较低的水平，从 2007 年 1 月至 2008 年中旬，始终处在相对较低的水平波动，在 10 至 30 之间。自 2008 年 9 月起，VIX 指数陡然升至较高的水平，在 2008 年 9 月 15 日升至 30 以上，最高值出现在 2008 年 11 月 20 日，达到80.06。之后 VIX 指数开始逐渐回落。在 2010 年 4 月至 6 月和 2011 年 5 月又出现了陡然升高的现象，这是由于此时欧洲债务危机出现及加剧的影响。

美元指数是衡量美元在国际外汇市场币值变化的一项综合指标，由美元对六个主要国际货币（欧元、日元、英镑、加拿大元、瑞典克朗和瑞士法郎）的汇率经过加权几何平均数计算获得，是客观反映美元走势的重要指标。本节将美元指数取对数化差值处理后得到 ud_t。

从图 5.15 可以看出，美元指数在 2007 年至 2011 年 10 月之间也存在较大幅度的波动，美元指数经历了三次大幅度的降低和两次提高。在 2008 年 7 月，美元指数降至最低水平，约在 75 附近，在 2008 年末又迅速回升到 85 以上，在2009 年 3 月达到最高水平为 89.105。在 2009 年末及 2010 年初又降至 75 附近。从 2010 年初开始，又进入了第二次升高的过程，在 2010 年 6 月升至 85 以上。随之又经历了第三次下跌，在 2011 年 5 月降至低点，在 2011 年 9 月之后又出现了小幅的回升。

二、统计性描述与波动特征

从表 5.6 中可以发现，汇率的预期差均值为负值，说明在样本范围内汇率存在升值预期。汇率风险溢价的均值为正值，说明从均值来看国外净资产持续

图 5.15 美元指数波动示意图

流入的动机为正。而汇率预期差、汇率风险溢价与 VIX 指数均为正值,仅美元指数(取对数差后)偏度为负值。而其中 VIX 指数的峰度最大为 6.715924,汇率风险溢价和美元指数(取对数差后)的峰度大于 4,说明这三组数据,分布均为集中,仅汇率预期值之差的峰度小于零,说明汇率预期差的分布较均匀。

表 5.6 在样本区间内的统计性描述

	ep_t	w_t	vix_t	ud_t
均值	−0.16415	0.011682	25.6077	−7.11E−05
标准差	0.085776	0.033177	11.4151	0.005823
最大值	0.0065	0.165	80.86	0.025199
最小值	−0.3786	−0.0917	9.89	−0.027263
偏度	0.163649	0.67283	1.770417	−0.044602
峰度	2.152979	4.239405	6.715924	4.772571

三、数据的平稳性检验

在实证检验之前,首先对上述 4 个变量进行了平稳性检验,本节使用了 ADF 和 PP 两种方法序列进行了分析,实证结果如表 5.7 所示,各个变量均为平稳的序列。

表 5.7 平稳性检验结果

	ADF test	PP test
ep_t	−2.94858**	−2.75203*
w_t	−6.49576***	−6.47763***
vix_t	−3.02586**	−3.09409**
ud_t	−33.9406***	−33.9304***

注:单位根检验均含常数项而不含有时间趋势项,*、** 和 *** 分别表示在 10%、5% 和 1% 的显著性水平下拒绝序列含有单位根的原假设。

5.3.3 基于 MSVAR 模型的实证结果

根据 AIC 法则,确定最优的滞后阶数为 4,采用 MSIH(2)-VAR(4)对(5.5)式进行估计。本节采用 GiveWIN2 软件中的 OX 模块,以及 Krolzig(1998)年提供的 MSVAR 软件包,采用极大似然法,进行有限次迭代,得到所估计模型参数的极大似然估计值及不同状态间的转移概率。结果如表 5.8~5.10 所示。从模型的估计结果中可以发现,MSIH(2)-VAR(4)的截距项中 ep_t 和 vix_t 在两种状态下存在显著的变化,汇率预期差 ep_t 在区制 1 中的截距项为-0.005918,而在状态 2 中该截距项为-0.003921,说明在外汇市场上,状态 1 下对汇率预期升值的幅度存在一个恒定的常数值,在状态 1 中该常数值小于在状态 2 下的数值,根据这一特征,两种区制的人民币汇率预期划分为低预期差和高预期差两种状态,区制 1 表示汇率预期的低预期差状态;区制 2 表示汇率预期的高预期差状态。

从 VAR 模型的估计系数中发现,其他三个变量对汇率预期差存在显著的影响。汇率预期差与自身在滞后一期和滞后二期负相关(如表 5.8 第一列系数所示)。这说明人民币汇率预期具有适应性预期的特征,即表现为前期的汇率预期准确度会对当前汇率预期的形成产生的影响。这与 Audretsch 和 Stadtmann(2005)的实证研究发现类似,当上一期的预期汇率与实际汇率的偏差为正值时,在本期会使未来汇率预期向负向调整。

人民币汇率预期差与汇率风险溢价在滞后一期、滞后二期的值负相关与在滞后四期的值正相关(如表 5.8 第一列系数所示)。这样也可以说明汇率风险溢价对汇率预期差的"影响惯性"是暂时的。前一期的汇率风险溢价 w_t,在其 w_t 增加时,其假设 i_h-i_f 与上一期不存在显著变化时,$(s_t-f_{t\to t+1})$ 之间的差值增加,实际即期汇率与远期汇率之间存在的差值越大,远期汇率对汇率预期的有效性减弱,形成下一期的汇率预期时,会考虑到上一次由于 w_t 的增加使得远期汇率对即期汇率的引导作用降低,从而通过适应性预期,将历史预期差信息纳入到下一期汇率预期形成的因素中,进而使得下一期的汇率预期差降低。但是滞后四期的汇率风险溢价与汇率预期差正相关,说明汇率预期差与较近期的风险溢价负相关而与较远期的汇率风险溢价正相关。在滞后第四期的汇率风险溢价较高时,$(s_t-f_{t\to t+1})$ 之间增加的差值会正向影响实际的汇率预期差。

汇率预期差与 VIX 指数在滞后一期以及三期和四期均正相关(如表 5.8 第一列系数所示)。这表明在全球经济运行风险增加时,人民币兑美元的汇率预期差会增加,可见风险因素对预期偏差的影响是正向的。并且 VIX 指数与美元指数在滞后一期正相关(如表 5.8 第一列系数所示)。而美元指数在前一期的大幅波动,也会使得准确形成汇率预期的难度增加,使汇率预期差增大。

表 5.8　MSIH(2)-VAR(4)模型的估计结果

		ep_t	w_t	vix_t	ud_t
区制依赖的截距项	v_1	−0.005918*** (−4.1554)	−0.000767 (−0.5254)	0.916326*** (4.4620)	0.000029 (0.0379)
	v_2	−0.003921*** (−2.4782)	0.000808 (0.3721)	2.003247*** (6.1202)	0.001266 (1.0415)
回归系数	ep_{t-1}	−0.085303* (−1.6959)	0.52352*** (9.4297)	48.05439*** (6.0004)	0.015776 (0.5354)
	ep_{t-2}	−0.313686*** (−5.8603)	0.172988*** (3.0436)	14.526999** (1.7855)	0.006088 (0.1996)
	ep_{t-3}	0.013617 (0.2443)	−0.093342* (0.0621)	12.903267* (1.6753)	−0.020418 (−0.0960)
	ep_{t-4}	−0.006740 (−0.1224)	−0.005846 (−0.1038)	−0.821412 (−0.1069)	−0.018549 (−0.5973)
	w_{t-1}	−0.052985** (−2.0058)	0.918386*** (31.2274)	−8.722379** (−2.0937)	0.008019 (0.5304)
	w_{t-2}	0.050275* (1.4301)	−0.004687 (−0.1190)	9.632536* (1.6419)	−0.006456 (−0.3176)
	w_{t-3}	−0.019284 (−0.5430)	0.002389 (0.0621)	−8.432907* (−1.5003)	−0.001926 (−0.0960)
	w_{t-4}	0.036724* (1.3751)	0.029004 (1.0117)	8.333354** (2.0685)	−0.013355 (−0.9034)
	vix_{t-1}	0.000177* (1.4701)	−0.000141 (−0.8512)	0.843130*** (29.3098)	−0.000155** (−1.8208)
	vix_{t-2}	−0.000220 (−1.4510)	0.000067 (0.3232)	0.018909 (0.5241)	−0.000027 (−0.2534)
	vix_{t-3}	0.000488*** (3.2671)	−0.000165 (−0.8109)	0.066662** (1.9851)	0.000208** (1.9826)
	vix_{t-4}	0.036724*** (3.0269)	0.000242* (1.5468)	8.333354 (1.0408)	−0.000044 (−0.5471)
	ud_{t-1}	0.933723*** (33.6940)	−0.005635 (−0.2948)	−1.668148 (−0.6753)	0.004810 (0.4621)
	ud_{t-2}	0.019215 (0.5333)	−0.007395 (−0.2718)	9.466160** (2.6875)	0.012321 (0.8370)
	ud_{t-3}	0.019839 (0.6091)	0.040491 (1.4104)	−6.193818 (−1.4820)	−0.043956** (−2.8159)
	ud_{t-4}	0.009535 (0.4290)	−0.031865 (−1.4689)	−0.477622 (−0.1337)	0.026606** (2.2923)

续表

		ep_t	w_t	vix_t	ud_t
方差	σ_1^2	0.016538	0.007917	0.888141	0.004468
	σ_2^2	0.008647	0.014959	3.354566	0.007192
Log-Likelihood		非线性系统	9885.7505	线性系统	9314.0918
AIC/HQ/SC		非线性系统	$-15.6668/-15.5217/-15.2810$		
		线性系统	$-14.7777/-14.6574/-14.4576$		
LR linearity test			1143.3174		
		Chi(14)=0.0000]**	Chi(16)=0.0000]**	DAVIES=0.0000]**	

注:*、**和***分别表示在10%、5%和1%的置信水平下显著。括号中为T统计量。

从表5.8最后一栏的统计数值可以看出,非线性系统的极大估计似然值和AIC、HQ以及SC的指标明显优于线性系统。这说明以上四种变量在两个不同的区制中确实存在明显的差异,因此证明人民币汇率预期差在两种区制下转换的时点(即拐点)出现时机是具有内生性的。从对图5.16和图5.17的观察和比较中发现,区制2即人民币汇率预期差的低区制状态,主要集中在三个阶段:阶段一是2007年中旬至2008年初期;阶段二是2008年末至2009年中后期;阶段三可以分解为两个阶段,分别是2010年初期与2011年10月至样本期结束。进一步分析发现阶段一是在人民币汇率制度改革推行之后,人民币在加速升值的阶段;阶段二是在2008年美国次贷危机爆发后,人民币重新钉住美元的时期。阶段三出现在人民币升值幅度放缓的状态;而其余阶段均处于人民币汇率预期差的高区制状态。

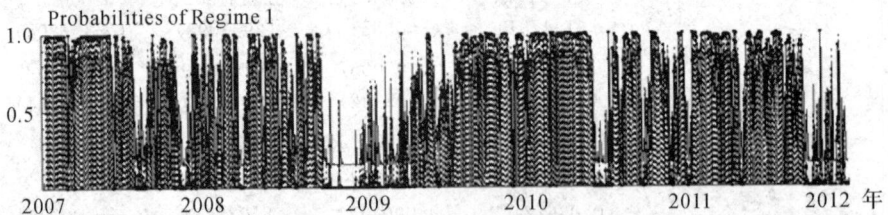

图5.16 区制1—高汇率预期差状态概率示意图

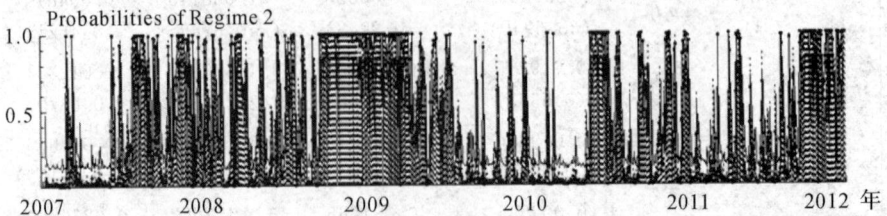

图5.17 区制2—低汇率预期差状态概率示意图

表 5.9　人民币汇率预期差的两种区制特征

	样本数	频率	持续期
区制 1	730	0.5828	9.24
区制 2	520	0.4172	6.62

表 5.10　人民币汇率预期差的区制转换概率表

	区制 1	区制 2
区制 1	0.8918	0.1082
区制 2	0.1511	0.8489

表 5.9 和表 5.10 刻画了人民币汇率预期差两种区制特征以及不同区制之间的转换概率。如表 5.9 所示,样本中有 58.28％ 的时期处于高汇率预期差的状态,持续期为 9.24 天,在低汇率预期差的状态时期占比为 41.72,持续期为 6.62 天。两种状态均是不稳定的,区制 1 的持续性高于区制 2。而在区制 1 向区制 2 转移以及区制 2 向区制 1 转移时,汇率预期差将出现拐点,下面将进一步分析这些拐点出现的事实特征。

5.4　预期差拐点与币值调整时机选择

由上节的分析可知,MSIH(2)-VAR(4)模型识别的汇率预期差的低汇率预期差主要集中以下三个阶段(如图 5.18 所示)。

第一阶段是 2007 年中旬至 2008 年初期。在我国汇率制度改革推进初期,国际货币市场上对我国人民币的预期升值空间高于汇率的实际升值空间。在 2005 年汇率制度改革推行 1 年半的时间内,即 2005 年 5 月至 2007 年初,升值幅度仅为 6％。但是在美国次贷危机爆发前的 2007 年至 2008 年初,人民币升值幅度有所加快,一年内升值幅度达到 8％ 左右。在次贷危机爆发前的这段时间内,全球经济运行风险的度量指数 VIX 指数和美元指数均有所降低,说明国际资本选择投资的风险偏好正在提升,流入非避险货币资产的趋势增强,同时人民币汇率风险溢价表现为负值状态,外资流入我境内的压力也较低,在这种经济状态条件下,我国的人民币实际升值速率与升值预期速率趋于一致时,人民币的汇率预期差进入到低区制状态。

　　第二阶段是 2008 年末至 2009 年中后期。美国次贷危机爆发之后,我国的人民币汇率出现了小幅的贬值预期,全球经济运行风险的度量指数 VIX 指数和美元指数均大幅升高,说明国际资本选择投资的风险偏好正在减弱,流入避险货币资产美元的趋势增强,人民币的汇率风险溢价升至较高的水平,外资流入我国境内的压力也较高,在这种经济状态条件下,我国为控制"热钱"的大规模进出,采取了重新钉住美元的汇率政策,人民币汇率的波动空间这段时间降至较低的水平,预期差进入汇率预期差的低区制状态。

　　阶段三可以分解为两个子阶段,分别是 2010 年初期与 2011 年 10 月至样本期结束。这两个子阶段所处在的经济状态较为类似。在 2010 年初期,欧元区受到希腊债务危机的影响再次将世界经济拉入泥沼中,在 2011 年末,全球经济受到欧债危机升级的影响,全球经济运行风险的度量指数 VIX 指数和美元指数均有所升高,人民币汇率风险溢价也有所增加。在国际货币市场上,人民币汇率在这两个子阶段出现了升值趋势减缓,甚至在 2011 年末出现了贬值预期,我国央行在即期人民币汇率市场所采取维持人民币币值稳定的措施时,会使人民币汇率预期进入低预期差状态。

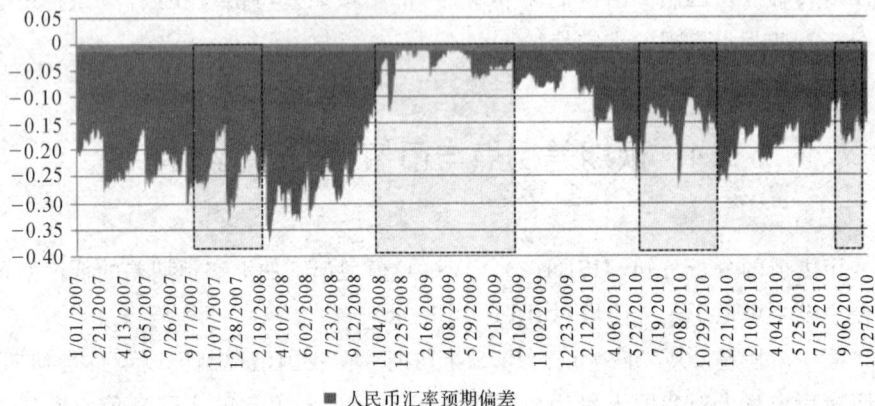

图 5.18　人民币汇率预期差示意图

　　从上面三个阶段的分析中可以看出,人民币汇率预期差拐点出现的时机主要与政策性因素和非政策性因素有关。如果人民币汇率预期差仅是由政策性因素引起的,那么拐点将不具备内生性,而仅仅与政策拐点有关。但是利用马尔科夫状态转换向量自回归模型进行实证可以发现,汇率预期差的拐点具有较强的内生性,依据国内外经济状态,特别是与国际风险及汇率风险溢价因素有关。因此我们可以说汇率预期差由高区制状态向低区制状态转换拐点在政策等制度性调整状态下会出现,如在扩大和降低人民币汇率浮动空间,货币市场投资者对制度调整的"学习效应"使得汇率预期差的降低,与此同时,拐点的出现与世界经济整体运行的风险、美元指数表现以及人民币汇率风险溢价等非制度性因素有着密切的关系。政策调整可以是相对独立的调整过程,但在大多数情况是可根据这些经济状态的变化而做出被动性调整,进而影响到人民币汇率预期差。特别是在我国汇率市场化改革逐渐推行的过程中,将国内外经济状态变化对改革推进的时机选择影响这一渠道纳入到汇率预期形成的机制中,具有重要的实践意义。

5.5　小结

本章首先对影响汇率预期形成的宏观及市场因素进行了梳理,并探讨了它们影响汇率预期形成机理。本章将宏观因素分为巴拉萨-萨缪尔森效应变量、资金变量、实体经济变量与国际收支项目四大类,进一步分析了外推型预期(Extrapolative Expectation)、适应性预期(Adaptive Expectation)和回归型预期(Regressive Expectation)的异同,并发现在汇率预期形成的过程中,外汇市场干预者的干预程度,具有"学习效应",在外汇市场干预者采用相同的干预策略时,外汇市场参与者的汇率预期差将会降低。

在实证研究阶段,发现远期汇率反映的升贴水幅度不仅与汇率预期的实际波动有关,还与远期汇率的风险溢价相关,由于基于远期汇率的汇率预期存在明显的"期限效应",即随着期限的增加,预期的远期升值或贬值的幅度将增大,但是据此形成汇率误差的可能性也就越大。通过回归发现人民币远期汇率能够在一定程度上反映对人民币汇率预期值,在短期的效果优于长期;在2007年美国金融危机之后对汇率预期值的反映也有所增强。并且汇率风险溢价也存在明显的期限效应:不同期限下的汇率风险溢价会对汇率预期产生影响。

进一步对我国在2002年1月至2011年10月期间的宏观数据与人民币汇率预期进行回归发现,巴拉萨-萨缪尔森变量对汇率预期的影响与理论估计的情形相反,我国第二产业劳动生产率要高于第三产业,作为一种长期趋势,尚未对汇率预期产生实质影响。在2007年之后,第三产业的劳动生产率的增幅要大于第二产业,且第二产业受到国际金融危机的冲击较大,因此相对劳动生产率降低,但是人民币还依然处在升值空间,可以理解为前期尚未达到均衡汇率,汇率的调整存在"滞后性",而在后期需要配合汇率政策以助推汇率向合理均衡值调整。资金变量产生的效应与 UIP 假说也存在不相符的特性,即在短期内国内利率高于国外利率仍使得远期汇率预期升值,这也从侧面证明了风险溢价的存在。实体经济变量中的通货膨胀和产出缺口因素均会在长期内产生影响,而且与政策调整的时点预期存在密切关系。简单来说,货币因素即利率因素对中短期限内的市场汇率预期会产生作用;其他的宏观因素在长期内基于"政策调整"时点选择的预期进而对汇率预期产生影响。正是由于"政策调整"预期机制的存在,我国的汇率形成机制中非市场因素的调控对汇率的影响使得偏离套利均衡的溢价存在一定的持续性,而在远期市场上无法对这种调控的不确定性进行有效的预期。

本章最后部分根据马尔科夫状态转换方程,将人民币汇率预期差自动区分为"高预期差"和"低预期差"两种状态,而汇率预期差拐点的出现受到汇率水平管理调整等制度性因素的影响,但是更深层次的原因是国内外经济状态包含风险因素、美元走势即汇率风险溢价等。

6 人民币汇率波动调控的时机选择
——兼论与货币政策搭配

【本章导读】 著名的蒙代尔-弗莱明模型(Mundell，1963；Fleming，1962)指出在开放经济体中，货币政策的独立性、资本的完全流动性与稳定的汇率三者中只能选择其二。在我国资本市场逐渐开放[①]的过程中，跨国资本流动隐含了巨大的金融风险。因此收紧了货币政策调整的空间，这时亟须汇率管理与之协调搭配，这是对推进人民币汇率市场化改革进程、对汇率波动幅度调整的时机选择必须要考虑的现实因素。本章通过探讨不同资产市场风险收益波动的互动关系，研究如何适时地选择利率调整与汇率波动调整的时序，探讨了如何打好"利率"与"汇率"的组合拳来应对通胀水平高企与经济增速放缓。当投资者对未来经济预期乐观时，提高利率既能缓解通胀又能吸引"热钱"流入并降低风险资产溢价水平，带动实体经济复苏。而在投资者对经济前景存在担忧时，国际流动资本仅在货币市场享受较高的溢价，加快人民币汇率市场化改革的步伐正当时。

6.1 货币政策的"两难"困境

在 2007 年美国次贷危机之后，我国货币政策的实施逐渐脱离了跟随美国步伐的传统范式，美国多轮量化宽松货币政策的推行，国际资本流向我国等新兴市场国家的趋势日益明显(Hoffmann & Schnabl，2011)。随着我国资本市

---

① 虽然我国资本项目尚未完全开放，但是目前在 IMF 定义的资本项目各分项上，中国已有 65% 的项目达到"开放"或"部分开放"，主要的限制仍在于证券投资流动和外债市场(特别是个人债务)上。(沈建光，2011)

场的开放程度与资本管制难度的增加,混杂在经常项目与资本项目中的投资性短期资本,即通常所说的"热钱①"对宏观经济波动的影响凸显,直接影响了货币政策的实施效果。

实际上,从2005年以来,人民币外部升值压力不断加大,中国货币政策操作越来越难。维持较低的利率水平,可以刺激经济增长,但无力缓解高企的通货膨胀率;提高利率有利于维持物价稳定,但国内外利差的增大会吸引大量资本流入境内(McKinnon,2011)。为了维持人民币币值稳定,央行需投放大量基础货币对汇率进行冲销干预,这会抵消加息的紧缩性效果。若央行放松对币值的干预和控制,人民币的持续性升值会削弱我国出口品的竞争优势。因此,我国宏观政策面临利率政策与汇率管理市场化推进的"两难"问题。如何确定利率政策与汇率调整的最优时序,是目前解决这一问题的基本切入点。

著名的蒙代尔-弗莱明模型(Mundell,1963;Fleming,1962)指出在开放经济体中,一国在货币政策的独立性、资本的完全流动性与稳定的汇率中间只能选择其二。虽然我国资本项目尚未完全开放,但资本管制强度从2001年年底我国加入WTO后,就开始有所放松。2007年资本管制强度处于历史最低值,美国次贷危机爆发后有所升高。但2009年之后,资本管制强度又有所回落(徐明东、解学成,2008;Huang,2010)。因此,随着我国资本市场开放的趋势逐步增强,仅从静态视角去考虑货币政策的独立性与汇率稳定之间的取舍问题,是难以使宏观经济政策走出"两难"困境的。引起国际资本"趋利"流动的来源不仅来自货币市场,还包括在一国风险资产市场中的投资(Ma et al.,2010),本章通过探讨不同资产市场风险收益波动的互动关系,研究如何适时地选择利率调整与汇率波动管理的时序,对我国走出宏观经济政策"两难"困境会带来诸多具有实践意义的启发性思考。

Tobin(1958)认为一种资产能够获得高于货币的收益率,不仅是由于时间价值的存在,还因为投资这种资产承担了更高的风险,收益率的高低与投资者的风险偏好水平有关。跨国流动资本期望获得的风险补偿主要来自于两部分,

---

① 从目前来看,虽然存在资本项目管制,但热钱仍可通过贸易信贷(卢佳,2008)的形式混杂在贸易项目内,利用经常项目结汇;或者以各种资本项目投资,如企业利用海外分公司实现美元融资、母公司对子公司支付人民币等形式进入境内。央行在《2008年第一季度货币政策执行报告》还对"逐利外汇"的流入渠道也给出了全面概括:一是货物贸易;二是在FDI项下和FDI"投注差"(即投资总额与注册资本的差额)外债直接结汇;三是个人项下结汇;四是企业和金融机构境外股本融资渠道;五是服务贸易;六是合格境外机构投资者(QFII);七是利用黄金交易、期铜等大宗商品交易进行融资性质的操作达到套利目的。

一是在资金流入国的资本市场上投资股权、债券等风险性资产所获得风险溢价。较多研究将利率长期与短期利率水平之差作为实体经济中风险溢价的度量指标(Clouse et al.，2000；Jones & Kulish,2011)，但也有研究用股市风险溢价表示该指标(Baker & Wurgler，2006；Cooper & Priestley,2009)。目前我国债券交易主要集中在银行间债券市场，国际资金参与受到诸多条件限制，所以"热钱"对我国的股市冲击程度要强于债市，本章选取股市风险溢价表示宏观经济中的风险资产溢价，既体现了热钱流动的趋利性，又能对实体经济中投资者的风险偏好水平有所反映。二是基于利率平价模型中偏离国内外无风险利率差价和汇率升值预期的部分，即汇率风险溢价(Fama，1984；Lustig & Verdelhan，2007；Verdelhan,2010)。将这两种风险溢价联系起来探讨"热钱"流动与宏观经济政策实施效果，为这一问题的理论研究开拓了新的视角。

在开放经济的条件下，探讨不同市场的风险溢价与宏观经济波动及政策效果之间关系的文献尚少。Neumeyer和Penrri(2005)发现小型开放经济体的实际利率可以分解为国际利率与风险溢价两部分，仅后者与本国经济运行状况有关。他们对阿根廷1980—2005年的宏观数据进行模型拟合发现降低风险溢价能够使产出的波动率降低27%，而降低国际利率仅能够使该指标降低3%。Matsumoto(2011)以拉丁美洲国家为样本，研究风险资产与无风险资产在流动性冲击下，对经济的影响机制是否存在差异，实证发现风险资产在获得正的流动性冲击时会降低一国的通胀率水平，而无风险资产在获得正的流动性冲击时会使通胀率水平提高。Backus等(2010)发现货币政策需要对投资者在跨期投资决策中所要求的风险补偿有所考虑。

本章除考虑货币市场上的风险溢价外，还将资本市场中的风险溢价纳入分析的视野中，从双重风险溢价的角度探讨了最优利率政策及其与汇率市场化推进，进行波动管理调整的搭配时机选择问题。通过建立我国的最优货币政策模型，发现通货膨胀率水平、产出缺口等宏观经济变量对双重风险溢价的影响程度是决定最优利率水平的重要因素。在面对外部流动性正向冲击、人民币兑美元的汇率风险溢价处在正值状态时，在投资者对未来经济前景预期乐观与悲观两种情况下，汇率风险溢价对最优利率水平的影响是存在差异的，因此可以进一步讨论最优利率政策与汇率政策搭配协调的时序选择问题。

6.2　考虑外汇市场风险溢价的最优利率政策模型

6.2.1　双重风险溢价及其度量

外汇市场风险溢价的说明和度量详见本书 4.1 节。本章还将股票市场的风险溢价也纳入到讨论的范畴中,可表示实体经济投资对于国际资金的吸引力。股市风险溢价反映的是投资者在股票市场上的风险偏好这一"情绪"型特征对股票市场的风险溢价水平的高低起着决定性作用。计算股市风险溢价水平所采用的两种方法一般是基于股利贴现模型和基于盈利模型的。Gordon(1982)提出的股利贴现模型可写为 $P=D_1/(r-g)$,D_1 是第一期发放的股利,$D_1=E_1b_1$,其中 E_1 为第一期每股收益,b_1 表示第一期的派息比率,g 表示股利增长率;若 r 为计算股价采用的折现因子,则 $r=i+\rho$,其中 i 为无风险利率,ρ 为股票的风险溢价。将 r 带入股利贴现模型中,可得单只股票的风险溢价 $\rho=\dfrac{b_1}{P/E_1}+g-i$。盈利模型中股票的折现因子可写为 $r=E/P$,则风险溢价 $\rho=E/P-i$,这与股利贴现模型在派息比率为 1 时的情况相同。

由此可见,折现因子 r 表示投资者对未来投资的预期收益率。也就是说,市盈率作为每股收益与股价之比,其倒数可反映投资者对未来投资的预期收益率,市盈率倒数与无风险收益率之差即可表示投资股票市场的预期风险收益,反映股票市场的风险溢价(郎国鹏等,2006)。在无风险利率既定的情况下,高市盈率意味着投资者索要的风险补偿低,风险规避情绪弱,反之亦然。由于股利政策受上市公司决策层面的影响,具有多变性,而盈利与价格的比率相对平稳,因此本章采用第二种方法,用代表性指数的市盈率倒数与无风险利率之差表示股市的风险溢价水平。

6.2.2　双重风险溢价的动态关系检验

研究样本选取的区间为 2002 年 1 月至 2011 年 5 月。国内利率 i_h 是我国一个月期银行间同业拆借市场的月度平均利率,该指标市场化程度高,能够反映资金市场的供求情况。美元利率 i_f 用同期伦敦银行间同业拆借市场美元的月度平均利率表示。人民币兑美元的名义即期汇率 S_t(采用直接标价法)选取月度期末数。人民币预期汇率 S_{t+1}^e 用一个月远期海外美元兑人民币无本金交割远期(Non-Deliverable Forward,NDF)的市场汇率表示。由于 NDF 是完全市场化的产品,买卖灵活,定价完全取决于投资者的心理预期,而银行间的汇率远期产品以贸易合同为结售汇依据,受政策影响较大,所以用前者表示国际市场对人民币汇率预期值。偏离 UIP 假说的人民币汇率风险溢价 w 利用第四章的公式计算方法得出。股票市场的风险溢价 sp_t 采用上证综指(指数代码:000001)市盈率的倒数与无风险利率之差表示。无风险利率是以人民币一年期整存整取利率为基准的月度化利率。以上数据中除美元利率和 NDF 数据来自于彭博数据库、上证综指市盈率来自 WIND 数据库外,其余数据均取自国泰安(CSMAR)数据库。

表 6.1　汇率风险溢价 w 和股市风险溢价 sp 在样本区间内的统计性描述

	w	sp
均值	0.0059	0.0100
标准差	0.0187	0.0154
最大值	0.0532	0.0420
最小值	−0.0288	−0.0278
偏度	−0.0254	−0.3000
峰度	2.8315	2.8233

表 6.1 对汇率风险溢价 w 和股市风险溢价 sp 进行了统计性描述。在样本区间内,汇率风险溢价 w 和股市风险溢价 sp 的均值都大于 0,w 的标准差略大于 sp,均呈现左偏态,峰度值接近于 3,与正态分布峰度接近。汇率风险溢价和股市风险溢价在大部分样本区间内呈现此消彼长的负相关关系(见图 6.1)。汇率风险溢价在 2002 至 2004 年之间为正值,波动程度较低。在 2005 年至 2007 年美国次贷危机爆发之前,该溢价逐步降为负值,国内资金市场较为宽松,国内利率低于美国同期利率水平 2% 至 3%,资金市场对"热钱"的吸引力较低[①]。在 2007 年 4 月之后,汇率风险溢价由负值转为正值,并在以下两个阶段有明显不同的变化特征。第一阶段是次贷危机之前的 2007 年 4 月至 2008 年 10 月,由于人民币预期汇率升值和我国资产价格持续走高等原因,国际资本大量流入境内,为了抑制通货膨胀和高企的资产价格泡沫,中国先于其他国家采取了紧缩

① 本节采用金融机构外汇占款余额减去贸易顺差当月值与实际利用外资金额的差额表示流入我国的国际投机资本。

型的货币政策,汇率风险溢价升为正值,并持续稳定在 1% 与 2% 之间。第二阶段是 2008 年 10 月之后至样本结束期,汇率风险溢价由零左右持续增加至 5% 附近,以美国为代表的发达国家逐渐放弃了紧缩型政策,转向量化宽松的货币政策,国内外利差大幅增加,国际资本持续流入。

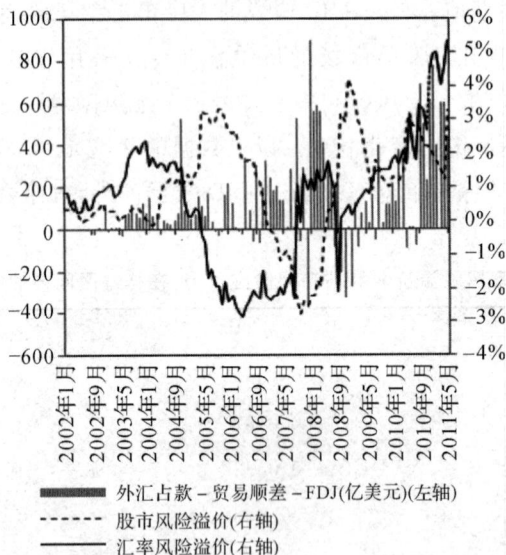

图 6.1　股市风险溢价、汇率风险溢价与"热钱"流入变化示意图

　　进一步分析发现,对国际投资者而言,人民币汇率的风险溢价具有顺周期性——当世界经济周期处在繁荣时期,投资者的风险厌恶情绪减低并倾向于投资人民币资产;而在衰退期,投资者会持有具有避险性质的美元资产。当 VIX 指数较高时,投资者预期未来股价指数的波动越剧烈;当该指数降低时,投资者认为未来的股价波动将趋于缓和,所以 VIX 指数可以表示投资者对投资收益预期的不确定程度。Bloom 等(2007,2009)认为投资者对风险资产索要的补偿,即风险溢价水平与投资收益的不确定程度成正相关关系。当 VIX 指数较高时,投资者的风险厌恶情绪增强,流入我国的"热钱"减少;反之,在 VIX 指数降低时,"热钱"流入增加(如图 6.2 所示)[1],这说明对国际资金而言,人民币的汇率风险溢价性质是正向的,即在风险厌恶情绪降低时,人民币资产获得增持,而在风险厌恶情绪增加时,人民币资产会被减持[2]。

---

[1]　双重风险溢价与热钱和 VIX 指数的协整效应详见附录 6.6.1。

[2]　陈蓉和郑振龙(2009)也通过实证研究观察到对于美元投资者而言,美元资产存在负向的风险溢价,而人民币资产存在正向的风险溢价。

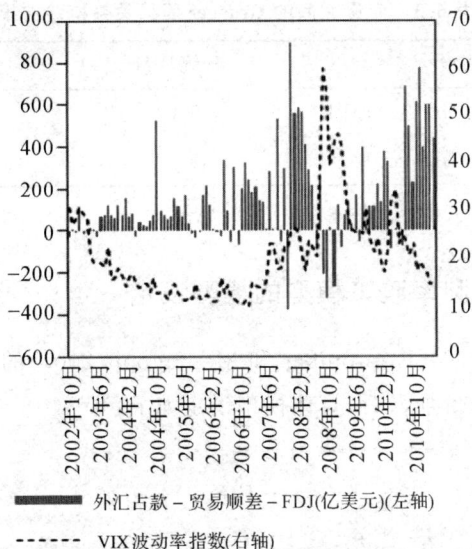

图 6.2　VIX 波动率指数与"热钱"流入变化示意图

表 6.2 是对汇率风险溢价 w 与股票市场的风险溢价 sp 进行单位根检验的统计结果,ADF 与 PP 检验表明,当存在常数项时,二者均为一阶单整的非平稳时间序列。而对两者取一阶差分后,dw 和 dsp 在 1％的显著性水平下是平稳的。

表 6.2　汇率风险溢价 w 和股市风险溢价 sp 的平稳性检验结果

	ADF test	PP test
w	−0.15	−0.64
dw	−15.45 ***	−15.2 ***
sp	−1.41	−2.01
dsp	−8.34 ***	−8.75 ***

注:单位根检验均含常数项,$*$、$**$ 和 $***$ 分别表示在 10％、5％和 1％的显著性水平下拒绝序列含有单位根的原假设。

为了研究股票市场风险溢价和人民币汇率风险溢价的因果关系,采用格兰杰因果关系检验法,滞后阶数选 2。检验结果如表 6.3 所示,在样本期内,汇率风险溢价能够明显地影响股市风险溢价。人民币汇率风险溢价的变动是股票市场风险溢价变动在 1％显著性水平下的格兰杰原因,而股票市场风险溢价的变动不是人民币汇率风险溢价变动的格兰杰原因。

表 6.3　变量之间的 Granger 因果关系检验结果

原假设	F 统计量	P 值
dw 不是 dsp 的 Granger 原因	8.07	0.00***
dsp 不是 dw 的 Granger 原因	0.69	0.50

注：*** 表示在 1% 的显著性水平下，拒绝原假设。

6.2.3　最优利率政策模型的模型设定

本节对 Ball(1999)、Kontonikas 和 Montagnoli(2006)的封闭经济模型进行修正，将双重风险溢价加入后，具体模型设定如下：

$$\pi_{t+1} = \pi_t + \alpha_1 y_t + \alpha_2 \Delta e_t + \varepsilon_{t+1} \tag{6.1}$$

$$y_{t+1} = \beta_0 + \beta_1 y_t + \beta_2 (i_t - E_t \pi_{t+1}) + \beta_3 sp_t + \omega_{t+1} \tag{6.2}$$

$$sp_t = \gamma_1 (i_t - E_t \pi_{t+1}) + \gamma_2 E_t y_{t+1} + \gamma_3 w_{t-1} + \mu_t \tag{6.3}$$

其中，y_t 表示实际产出与潜在产出的缺口，π_t 表示通货膨胀率水平，sp_t 表示股票市场风险溢价，er_t 表示外汇市场的风险溢价。

方程(6.1)是菲利普斯曲线，说明通货膨胀率取决于产出缺口与汇率变动的滞后一期值，ε_{t+1} 为均值零的随机扰动项。Jones(2009)提出货币政策对实体经济的影响效果主要取决于实体经济中的风险溢价水平，即使无风险利率降低，但如果投资者的风险厌恶情绪较高，不愿进行风险性的投资，而消费者也不愿增加个人消费，投资和消费就无法得到改善，因此降低利率对实体经济的刺激效果不明显。所以方程(6.2)IS 曲线中加入股市风险溢价以反映实体经济的风险溢价水平，β_3 衡量了该风险溢价对产出的影响效应，ω_{t+1} 为均值零的随机扰动项。

方程(6.3)说明股票市场的风险溢价与产出缺口、实际利率和汇率市场的风险溢价三个因素有关，其中 μ_t 为均值零的随机扰动项，后两项对股市风险溢价的影响主要通过货币渠道和资产组合渠道两个方面实现。实际利率水平 $i_t - E_t \pi_{t+1}$ 通过货币渠道可以对股市风险溢价产生影响，在实际利率水平降低时，投资者可以通过较低的成本借得资金，这样在对风险资产进行投资时，他们的风险承受能力增强，风险溢价水平降低(Rajan,2006)。货币市场的风险溢价会影响"热钱"流进与流出的规模，"热钱"在资本市场上的逐利性及大规模流入后央行在货币市场上的冲销干预行为也会分别通过货币渠道改变股市的风险溢价。二是资产组合渠道(基于企业投资行为的理论模型推导详见本章附录6.6.2)。在实际利率水平降低时，估值折现因子会降低，资产价格升高，企业拥有的抵押品价值和资产负债率都会提高,投资者对风险资产投资的信心增加(Pagan & Schwert,1990),另外人民币汇率的风险溢价对人民币资产和外币资产的配置调节也会通过资产组合渠道对股市的风险溢价产生影响(如图6.3所示)。

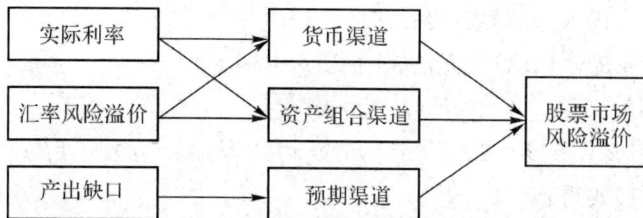

图 6.3　影响股票市场风险溢价的因素与渠道分析

预期渠道主要是指投资者对实体经济前景的预期水平。当对未来经济前景预期乐观时,股市风险溢价水平会降低;反之,投资者对经济前景担忧时,股市风险溢价水平会升高。Cooper 和 Priestley(2009)指出产出缺口能够明确地反映经济周期波动引起的投资者情绪变化,可用于对股市超额收益率的预测,所以(6.3)式中用产出缺口表示非货币因素对股市风险溢价的影响。

假设中央银行的目标是最小化其损失函数,央行对产出缺口和通货膨胀率水平会进行权衡考虑,根据 Ball(1999)对此问题的研究,假设中央银行的跨期损失函数为:

$$L = \frac{1}{2}E_t\sum_{t=1}^{\infty}\delta^t(\pi_t^2 + \theta y_t^2) \tag{6.4}$$

其中,θ 反映了中央银行对产出的相对重视程度,$\theta<1$ 表示更加注重通货膨胀对均衡值的偏离,$\theta>1$ 则表示更加注重实际产出偏离潜在产出的水平。δ 为贴现因子。根据(6.1)、(6.2)、(6.3)式可推导得出:

$$y_{t+1} = \varphi_t + \xi_{t+1} \text{ 和 } \pi_{t+1} = \phi_t + \varepsilon_{t+1}$$

其中,$\varphi_t = \kappa_0 - \kappa_1(i_t - \pi_t) + \kappa_2 y_t + \kappa_3\Delta e_t + \kappa_4 b\Delta q_{t-1}$,$\phi_t = \pi_t + \alpha_1 y_t + \alpha_2\Delta e_t$

$$\kappa_0 = \frac{\beta_0}{1-\beta_3\gamma_2}, \kappa_1 = \frac{(\beta_2+\beta_3\gamma_1)}{1-\beta_3\gamma_2}, \kappa_2 = \frac{(\beta_1-\beta_2\alpha_1-\beta_3\gamma_1\alpha_1)}{1-\beta_3\gamma_2}, \kappa_3 = \frac{-(\alpha_2\beta_2+\alpha_2\beta_3\gamma_1)}{1-\beta_3\gamma_2},$$

$$\kappa_4 = \frac{\beta_3\gamma_3}{1-\beta_3\gamma_2}$$

代入央行的损失函数得:

$$V(\phi_t) = \min_{\varphi_t}\frac{1}{2}E_t\big[(\phi_t+\varepsilon_{t+1})^2 + \theta(\varphi_t+\xi_{t+1})^2 + \delta V(\varphi_{t+1})\big] \tag{6.5}$$

$$s.t.\quad \phi_{t+1} = \phi_t + \alpha_1\varphi_t + \vartheta_{t+1}$$

其中，ϕ_t 为状态变量，φ_t 为控制变量。

6.2.4　最优化求解

对(6.5)式进行最优化求解的过程如下：

将(6.3)式代入(6.2)式，得：

$$y_{t+1} = \beta_0 + \beta_1 y_t + \beta_2 (i_t - E_t \pi_{t+1}) + \beta_3 sp_t + \omega_{t+1} \tag{6.6}$$

$$sp_t = \gamma_1 (i_t - E_t \pi_{t+1}) + \gamma_2 E_t y_{t+1} + \gamma_3 w_t + \mu_t \tag{6.7}$$

$$y_{t+1} = \beta_0 + \beta_1 y_t + (\beta_2 + \beta_3 \gamma_1)(i_t - E_t \pi_{t+1}) + \beta_3 \gamma_2 E_t y_{t+1} + \beta_3 \gamma_3 w_t + \beta_3 \mu_t + \omega_{t+1} \tag{6.8}$$

根据(6.1)式得：

$$E\pi_{t+1} = \pi_t + \alpha_1 y_t + \alpha_2 \Delta e_t \tag{6.9}$$

将(6.9)式代入(6.8)式，得(6.10)式：

$$y_{t+1} = \beta_0 + (\beta_2 + \beta_3 \gamma_1)(i_t - \pi_{t+1}) + (\beta_1 - \alpha_1 \beta_2 - \alpha_1 \beta_3 \gamma_1) y_t - (\alpha_2 \beta_2 + \alpha_2 \beta_3 \gamma_1) \Delta e_t + \beta_3 \lambda_2 E y_{t+1} + \beta_3 \gamma_3 w_t + \beta_3 \mu_t + \omega_{t+1} \tag{6.10}$$

对(6.10)式求期望，移项求得：

$$E y_{t+1} = \kappa_0 + \kappa_1 (i - \pi_t) + \kappa_2 y_t - \kappa_3 \Delta e_t + \kappa_4 er_t$$

其中：

$$\kappa_0 = \frac{\beta_0}{1 - \beta_3 \gamma_2}, \kappa_1 = \frac{(\beta_2 + \beta_3 \gamma_1)}{1 - \beta_3 \gamma_2}, \kappa_2 = \frac{(\beta_1 - \beta_2 \alpha_1 - \beta_3 \gamma_1 \alpha_1)}{1 - \beta_3 \gamma_2}, \kappa_3 = \frac{-(\alpha_2 \beta_2 + \alpha_2 \beta_3 \gamma_1)}{1 - \beta_3 \gamma_2},$$

$$\kappa_4 = \frac{\beta_3 \gamma_3}{1 - \beta_3 \gamma_2}$$

则 $y_{t+1} = \kappa_0 + \kappa_1 (i_t - \pi_t) + \kappa_2 y_t + \kappa_3 \Delta e_t + \kappa_4 er_t + \xi_{t+1}$，其中 $\xi_t = (\beta_3 \mu_t + \omega_{t+1})/(1 - \beta_3 \gamma_2)$

令 $\varphi_t = \kappa_0 + \kappa_1 (i_t - \pi_t) + \kappa_2 y_t + \kappa_3 \Delta e_t + \kappa_4 er_t$，得：

$$y_{t+1} = \varphi_t + \xi_{t+1} \tag{6.11}$$

根据(6.1)式，令 $\varphi_t = \pi_t + \alpha_1 y_t + \alpha_2 \Delta e_t$，得：

$$\pi_{t+1} = \phi_t + \varepsilon_{t+1} \tag{6.12}$$

根据 $\varphi_t = \pi_t + \alpha_1 y_t + \alpha_2 \Delta e_t$ 和(6.11)、(6.12)式有：

$$\phi_{t+1} = \pi_{t+1} + \alpha_1 y_{t+1} + \alpha_2 \Delta e_{t+1} = \phi_t + \alpha_1 \varphi_t + \vartheta_{t+1} \tag{6.13}$$

其中，$\vartheta_{t+1} = \varepsilon_{t+1} + \alpha_1 \xi_{t+1} + \alpha_2 \Delta e_{t+1}$

设定中央银行的损失函数为：$L = 0.5 \times E_t \sum_{t=1}^{\infty} \delta^t (\pi_t^2 + \theta y_t^2)$，将(6.11)、(6.12)式代入其中，得

$$L = 0.5 \times E_t \sum_{t=1}^{\infty} \delta^t (\pi_t^2 + \theta y_t^2) = 0.5 \times E_{t-1} \sum_{t=1}^{\infty} \delta^t [(\varphi_t + \varepsilon_{t+1})^2 + \theta(\bar{\omega}_t + \xi_{t+1})^2]$$

令 $V(\varphi_t) = \min_{\varphi_t} 0.5 \times E_t \sum_{t=1}^{\infty} \delta^t [(\phi_t + \varepsilon_{t+1})^2 + \theta(\varphi_t + \xi_{t+1})^2]$,则

$$V(\varphi_t) = \min_{\varphi_t} 0.5 \times E_t [(\phi_t + \varepsilon_{t+1})^2 + \theta(\varphi_t + \xi_{t+1})^2 + \delta V(\varphi_{t+1})]$$

$$s.t. \quad \phi_{t+1} = \phi_t + \alpha_1 \varphi_t + \vartheta_{t+1}$$

将约束条件代入 $V(\phi_t)$,则

$$V(\phi_t) = \min_{\varphi_t} 0.5 \times E_t [(\phi_t + \varepsilon_{t+1})^2 + \theta(\varphi_t + \xi_{t+1})^2 + \delta V(\phi_t + \alpha_1 \varphi_t + \vartheta_{t+1})]$$

一阶最优条件为:$\dfrac{\partial V(\phi_t)}{\partial \varphi_t} = \theta \varphi_t + \delta \alpha_1 E V'(\phi_t + \alpha_1 \varphi_t + \vartheta_{t+1}) = 0$ (6.14)

根据包络定理,有:$V'(\phi_t) = \varphi_t + \delta E V'(\phi_t + \alpha_1 \varphi_t + \vartheta_{t+1})$ (6.15)

由(6.14)式和(6.15)式得:$V'(\phi_t) = \phi_t - \dfrac{\theta}{\alpha_1} \varphi_t$

$$EV'(\phi_t + \alpha_1 \varphi_t + \vartheta_{t+1}) = E_t [(\phi_t - \frac{\theta}{\alpha_1} \varphi_t) + \alpha_1 \varphi_t + \vartheta_{t+1}] = \phi_t + \alpha_2 \Delta e_t + (\alpha_1 - \frac{\theta}{\alpha_1}) \varphi_t$$

代入(6.15)式,得:$\theta \varphi_t + \delta \alpha_1 [\phi_t + \alpha_2 \Delta e_t + (\alpha_1 - \dfrac{\theta}{\alpha_1}) \varphi_t] = 0$

解得:$\varphi_t = -\dfrac{\delta \alpha_1}{\theta + \delta \alpha_1^2 - \delta \theta} \phi_t - \dfrac{\delta \alpha_1 \alpha_2}{\theta + \delta \alpha_1^2 - \delta \theta} \Delta e_t$

将 φ_t 和 φ_t 的定义,代入上式并移项得:

$$i_t = \left(\frac{\delta \alpha_1}{(\theta + \delta \alpha_1^2 - \delta \theta) \kappa_1} + 1\right) \pi_t + \left(\frac{\kappa_2}{\kappa_1} + \frac{\delta \alpha_1^2}{(\theta + \delta \alpha_1^2 - \delta \theta) \kappa_1}\right) y_t + \frac{\kappa_4}{\kappa_1} (w_t) + \left(\frac{2 \delta \alpha_1 \alpha_2}{(\theta + \delta \alpha_1^2 - \delta \theta) \kappa_1} - \frac{\kappa_3}{\kappa_1}\right) \Delta e_t + \frac{\kappa_0}{\kappa_1}$$

令 f'_{π}、f'_y、f'_{er} 和 $f'_{\Delta e}$ 分别表示最优利率 i_t 对 π_t、y_t、er、Δe 的偏导,同时根据 κ_0、κ_1、κ_2、κ_3 和 κ_4 的定义,上述表达式可转化为:

$$i_t^* = f_0 + f'_{\pi} \pi_t + f'_y y_t + f'_w w_t + f'_{\Delta e} \Delta e_t$$

其中:

$$\kappa_0 = \frac{\beta_0}{1 - \beta_3 \gamma_2}, \kappa_1 = \frac{(\beta_2 + \beta_3 \gamma_1)}{1 - \beta_3 \gamma_2}, \kappa_2 = \frac{(\beta_1 - \beta_2 \alpha_1 - \beta_3 \gamma_1 \alpha_1)}{1 - \beta_3 \gamma_2}, \kappa_3 = \frac{-(\alpha_2 \beta_2 + \alpha_2 \beta_3 \gamma_1)}{1 - \beta_3 \gamma_2},$$

$$\kappa_4 = \frac{\beta_3 \gamma_3}{1 - \beta_3 \gamma_2}$$

则可得到各个变量对最优利率政策的相关系数,即依次对应(6.6)、(6.7)、(6.8)、(6.9)和(6.10)式。

$$f'_{\pi} = \frac{\delta \alpha_1 (1 - \beta_3 \gamma_2)}{(\theta + \delta \alpha_1^2 - \delta \theta)(\beta_2 + \beta_3 \gamma_1)} + 1 \tag{6.16}$$

$$f'_y = \frac{(\beta_1 - \beta_2 \alpha_1 - \beta_3 \gamma_1 \alpha_1)}{(\beta_2 + \beta_3 \gamma_1)} + \frac{\delta \alpha_1^2 (1 - \beta_3 \gamma_2)}{(\theta + \delta \alpha_1^2 - \delta \theta)(\beta_2 + \beta_3 \gamma_1)} \tag{6.17}$$

$$f'_w = \frac{\beta_3 \gamma_3}{(\beta_2 + \beta_3 \gamma_1)} \tag{6.18}$$

$$f'_{\Delta e} = \frac{2\delta \alpha_1 \alpha_2 (1 - \beta_3 \gamma_2)}{(\theta + \delta \alpha_1^2 - \delta \theta)(\beta_2 + \beta_3 \gamma_1)} + \frac{(\alpha_2 \beta_2 + \alpha_2 \beta_3 \gamma_1)}{(\beta_2 + \beta_3 \gamma_1)} \tag{6.19}$$

$$f_0 = \frac{\beta_0}{\beta_2 + \beta_3 \gamma_1} \tag{6.20}$$

从以上的理论推导中,可以得出如下四条与本研究主题相关的结论,它们分别是:

结论 1:最优利率水平的制定需要对通货膨胀、产出缺口、外汇市场的风险溢价和汇率的波动情况直接做出反应,而对股票市场的风险溢价不必做出直接反应。

结论 2:外汇市场风险溢价对最优利率水平的影响系数 f'_w,与央行损失函数的贴现因子 θ 无关,而通货膨胀、产出缺口和汇率波动对最优利率水平的影响系数,与该贴现因子有关。

结论 3:外汇市场风险溢价对最优利率水平的影响系数 f'_w,分别与产出和股市风险溢价的相关程度 β_3 以及汇率风险溢价和股市风险溢价的相关程度 λ_3 正相关。

结论 4:外汇市场风险溢价对最优利率的影响系数 f'_w,分别与产出和实际利率的相关程度 β_2 以及股市风险溢价和实际利率的相关程度 λ_1 负相关。

6.3　基于状态空间模型的实证研究

6.3.1　数据选取

本节采用我国工业增加值月度增长率水平来计算产出缺口的变动,首先利用季节调整法 Census12 将季节因素和不规则性因素剔除,再用 HP 滤波法计算潜在产出水平,两者相减可得产出缺口的月度数据 y_t;实际汇率 e_t 是将人民币兑美元即期汇率值的月末值剔除中国与美国当期物价因素后取对数后求得的;由于我国并不采用通货膨胀目标制,所以这里采用我国居民消费价值指数月度数据(与上年同期相比)的增速对数值表示通货膨胀率水平相对于均衡水平的差值。股市风险溢价 sp 与汇率风险溢价 w 指标的选取与计算方法与上一节相同。对(6.2)式和(6.3)式中的预期值,采用理性预期的方法进行估计, $E_t\pi_{t+1}$ 与 $E_t y_{t+1}$ 分别用第 $t+1$ 期的通货膨胀率和产出缺口的实际值表示。将上述变量进行平稳性检验发现 y_t 和 $i_t - E_t\pi_{t+1}$ 是平稳序列,而 e_t 和 π_t 是一阶单整的序列(见表6.4)。

表 6.4　变量的平稳性检验结果

	ADF test	PP test
$y(c)$	-3.60^{***}	-8.63^{***}
$i_{act}(c)$	-2.73^{*}	-2.69^{*}
$\pi(c)$	-2.23	-2.09
$d\pi(c)$	-4.68^{***}	-9.35^{***}
$e(c)$	-0.85	-0.64
$de(c)$	-3.38^{**}	-8.10^{***}

注:单位根检验均含常数项,* 、** 和 *** 分别表示在10%、5%和1%的显著性水平下拒绝序列含有单位根的原假设。

人民币兑美元的汇率风险溢价为正值且溢价水平较高,并伴随有大量"热钱"流入的阶段(如图6.1所示)是在图6.4至图6.5阴影区域表示的时间范围内,阶段1是2007年4月至2009年1月;阶段2是2010年5月至样本结束期的2011年5月。在这两个阶段,产出缺口水平存在明显差异(如图6.4所示):在阶段1中,产出缺口为正,实际产出小于潜在产出,之后该缺口逐渐缩小,并

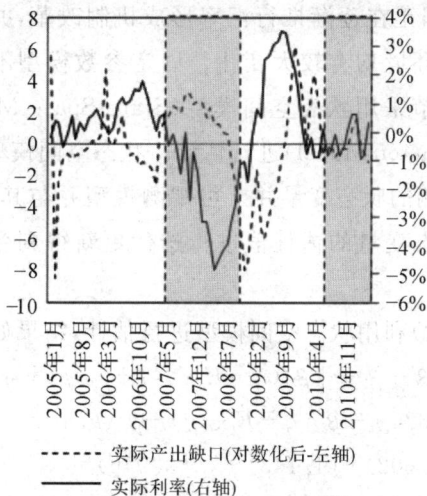

图 6.4　实际产出缺口与实际利率变化示意图

在 2008 年 8 月至 2009 年 9 月降为负值,社会实际总需求超过了可提供的潜在产出水平,供不应求的繁荣时期即将到来,是投资者对未来经济前景形成良好预期的事后可观测现象。在阶段 2 中,产出缺口在零值附近波动,并未出现下降的趋势,说明投资者对未来经济发展的前景存在担忧。

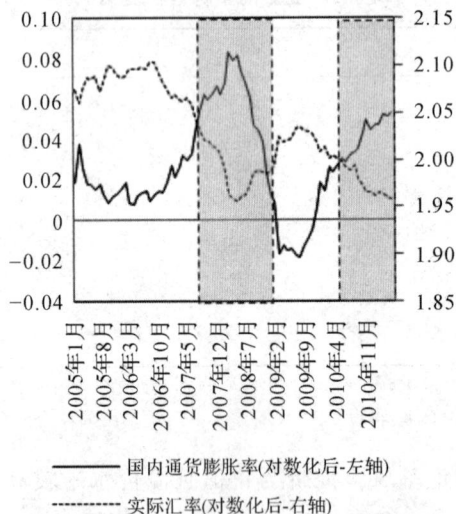

图 6.5   国内通货膨胀率与利率变化示意图

6.3.2   参数估计

在样本期内,我国正在逐渐推行汇率形成机制改革,并且经济波动面临的政策因素与外部国际环境均有较大变化。固定参数模型不能体现这种经济结构动态变化,因此,本节采用状态空间模型(State-Space Model)对变参数模型(Time-Varying Parameter Model)进行估计。状态空间模型构建的动态系统有如下优点:将不可观测的状态变量并入可观测模型并与其一起得到估计结果;利用卡尔曼滤波对状态变量的估计值进行迭代更新得到变量最符合观测值的优化估计。

首先,对方程(6.2)利用状态空间模型进行估计,结果如下:

量测方程:$y_{t+1} = \beta_0 + \beta_1 y_t + \beta_{2t}(i_t - E_t \pi_{t+1}) + \beta_{3t} sp_t + \omega_{t+1}$

$y_{t+1} = 0.531 + 0.324 y_t + \beta_{2t}(i_t - E_t \pi_{t+1}) + \beta_{3t} sp_t + \omega_{t+1}$

t 值   (1.478)(4.602)   (1.143)   (−3.946)

状态方程:$\beta_{2t} = \beta_{2(t-1)} + S_t$ $\beta_{3t} = \beta_{3(t-1)} + \xi_t$

β_2 表示实际利率与产出缺口的相关系数,从图 6.6 的估计结果来看,在阶

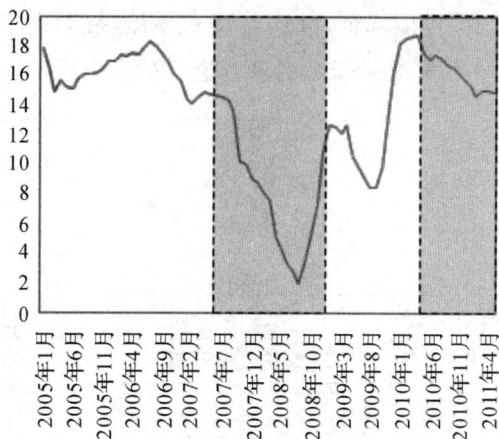

图 6.6　β_2 的时变估计结果

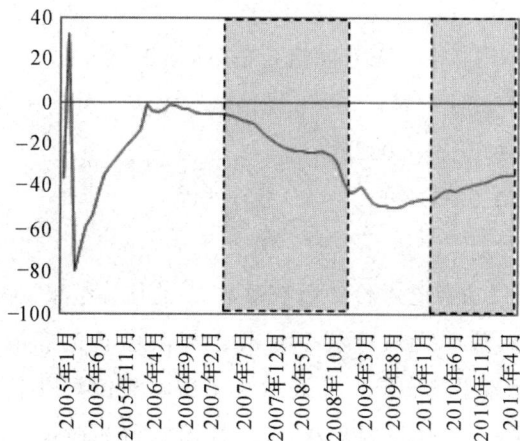

图 6.7　β_3 的时变估计结果

段 1，β_2 先下降后上升，而实际利率也是先下降后上升，产出缺口由正值转为负值（如图 6.6 所示），这说明 β_2 同实际利率的走势一致，验证了货币政策实施效果的非对称性现象——降低实际利率对实体经济的正向刺激效应会小于提升实际利率对经济所造成的紧缩效应（Osborn et al.，2005；赵进文、闵捷，2005）；在阶段 2 中，β_2 并未呈现较大波动幅度，实际利率与阶段 1 相比，在大于零附近波动。β_3 表示股市风险溢价与产出缺口的相关系数，估计结果如图 6.7 所示，β_3 从 2007 年开始出现了下降趋势，且为负值，使产出缺口逐渐向零值回归。这说明投资者在对经济前景存在良好预期时，虽然股市风险溢价处于较高水平，但是其降低实体经济的投资热情作用在减弱；在阶段 2 该系数有所上升，带动产出缺口向负值回归的效应降低,社会总需求萎缩,说明由于投资者对经济前景的担忧加重,较高的股市风险溢价会使投资者的投资意愿降低。

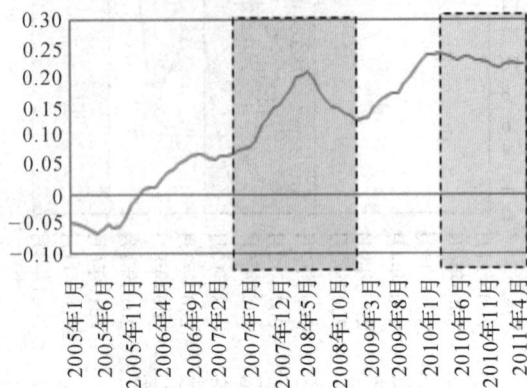

图 6.8　λ_1 的时变估计结果

再对方程(6.3)进行的状态空间进行估计,结果如下:

量测方程:$sp_t = \lambda_1(i_t - E_t\pi_{t+1}) + \lambda_2 E_t y_{t+1} + \lambda_3 w_{t-1} + \mu_t$

$sp_t = \lambda_1(i_t - E_t\pi_{t+1}) - 0.002 E_t y_{t+1} + \lambda_3 w_{t-1} + \mu_t$

t 值　(2.476)　(−3.796)　(2.421)

状态方程:$\lambda_{1,t} = \lambda_{1,t-1} + \xi_t$　　$\lambda_{3,t} = \lambda_{3,t-1} + \xi_t$

实际利率对于股市风险溢价的影响系数 λ_1 的估计结果见图 6.8。在阶段 1 中该系数持续下降,说明无风险利率对股市风险溢价的影响逐渐降低,而在 2010 年之后略微呈现平稳态势。λ_3 表示汇率风险溢价对股市风险溢价的影响系数,估计结果见图 6.9,从长期来看,汇率风险溢价与股市风险溢价是负相关

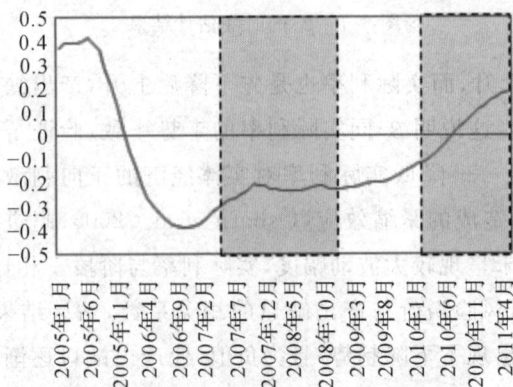

图 6.9　λ_3 的时变估计结果

的关系,即较高的汇率风险溢价会使股市风险溢价水平降低。但在阶段2中,λ_3的估计值由负值转为正值。这一变化也说明在投资者对实体经济前景担忧时,高水平汇率风险溢价无力降低股市风险溢价。

6.3.3　汇率风险溢价与最优利率水平

为了研究汇率风险溢价对最优利率水平的影响,本节将状态方程模型对变参数的估计结果代入公式(6.8)中,可得外汇市场风险溢价对央行利率水平的影响系数 f'_w。从2005年1月至样本结束期,f'_w 基本上为负值,并在0到−2之间波动(如图6.10所示)。与图6.1中的汇率风险溢价波动走势对比发现,f'_w 随着汇率风险溢价高低起伏而负向波动。在人民币兑美元的汇率风险溢价处于正值状态,负值的影响系数说明央行在制定利率政策时,将"汇率风险溢价"纳入参考指标,为最优利率水平赋予了一个向下调整的驱动力,汇率风险溢价越高,该驱动力越大。

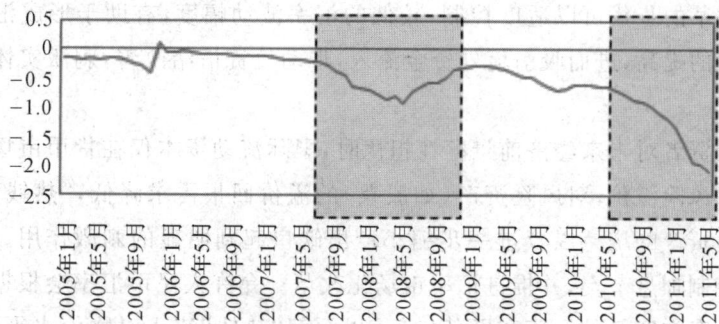

图6.10　外汇市场风险溢价对最优利率水平的影响系数

在阴影区域表示两个阶段估计的变系数均出现了较大波动。在阶段2中,f'_w 下降幅度较大,未出现反弹迹象;但在阶段1中,f'_w 出现了先下降又回升的情形。这主要是由于在方程(6.2)与方程(6.3)中,变参数在这两个阶段存在动态差异。需要特别指出,在经济低谷期,货币政策同时面临刺激经济与保持物价稳定双重目标,当投资者对实体经济的恢复具有乐观预期时,较高的汇率风险溢价对股市风险溢价的降低效应明显;而对实体经济的恢复预期相对悲观时,较高的汇率风险溢价对股市风险溢价的降低效应相对较弱,国际流动资本仅在货币市场享受较高的汇率风险溢价,对风险资产(如股票)的溢价回报需求降低,股市风险溢价对于对投资意愿的改善作用会因为投资者对经济前景预期的差异存在而有所不同,这就验证了结论3。另外,当两种不同的预期存在时,无风险利率水平对产出缺口和股市风险溢价的影响存在差异,反映了双重风险溢价的波动会影响无风险利率与实体经济之间的互动关系,进而影响最优利率水平,结论 4 也就得到了验证。

6.4　货币政策与汇率波动管理的最优时机选择

纳入双重风险溢价的最优利率,根据状态空间模型估计的实证结果对利率政策和汇率波动管理的最优时机选择具有重要的理论借鉴意义。为了缓解高企的通货膨胀对经济的影响,何时选择收紧利率政策而何时选择增加人民币汇率的波动空间,这与投资者对未来经济周期的前景预期有关。应当对此问题具有深入认识,有助于我国推行人民币市场化改革选择有利的时机。

当投资者预期乐观时,央行通过加息的方法来抑制通货膨胀,此时对汇率市场化改革的步伐可以适度控制,较低的汇率波动幅度,有助于形成汇率风险溢价水平的提高,进而吸引境外资金流入,带动投资情绪改善,刺激实体经济的复苏。

当投资者对未来经济前景存在担忧时,国际流动资本仅在货币市场享受较高的汇率风险溢价,对风险资产(如股票)的溢价回报需求降低,"热钱"流入无法对风险资产的增持以及进一步缩小产出缺口起到明显的刺激作用。这时需要适当控制加息节奏,并推进汇率市场化改革。允许人民币汇率会根据国内外经济条件存在宽松的升值和贬值空间,以缓解"热钱"流入对物价水平的冲击,保证我国经济的平稳运行。

通过对图 6.11—图 6.13[①] 的比较可以发现,我国收紧货币政策两个高峰期出现在 2007 年初至 2008 年上半年和 2010 至 2012 年。两个阶段面临的国内外经济形势具有较大的差别。

在 2007 年初至 2008 年上半年,国际和国内资产价格价格,通货膨胀水平均较高。我国逐步收紧货币政策,此时在图 6.14[②] 中发现,汇率市场化及资本管制程度的改革有所推进,但是美国次贷危机的爆发,我国经济虽然在外贸上受到的冲击较大,但是扩大内需等举措的推出,使得人们对经济复苏的前景预期尚且乐观,从这种情形来看,汇率市场化形成机制的改革也有所放缓,维持币

---

① 对货币政策调整的具体日期和事件详见附录 6.6.3.
② 对汇率管理的具体日期和事件详见附录 6.6.3.

值稳定,有助于维护国际资本流入我国的信心。

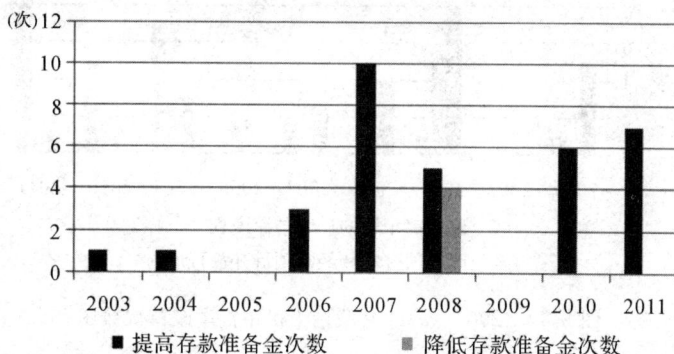

图 6.11　2003—2011 年我国金融机构人民币存款准备金率变动示意图

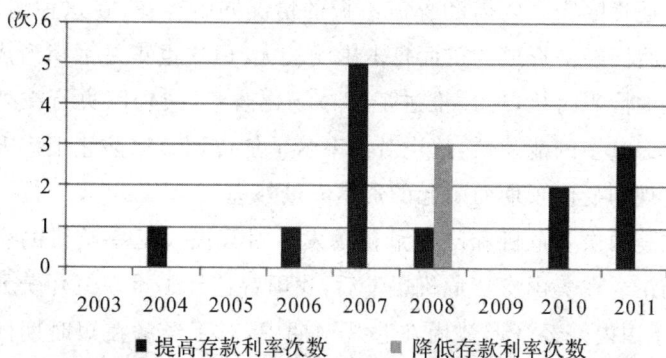

图 6.12　2003—2011 年我国金融机构人民币存款利率变动示意图

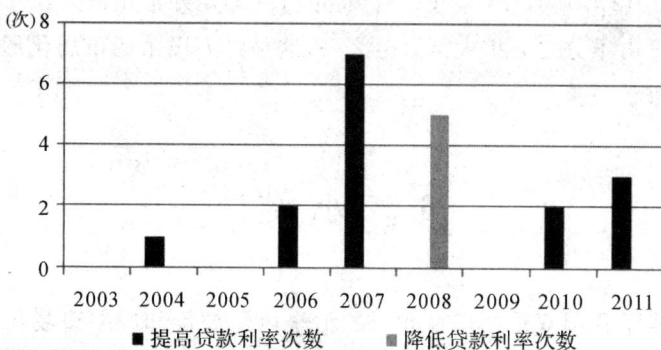

图 6.13　2003—2011 年我国金融机构人民币贷款利率变动示意图

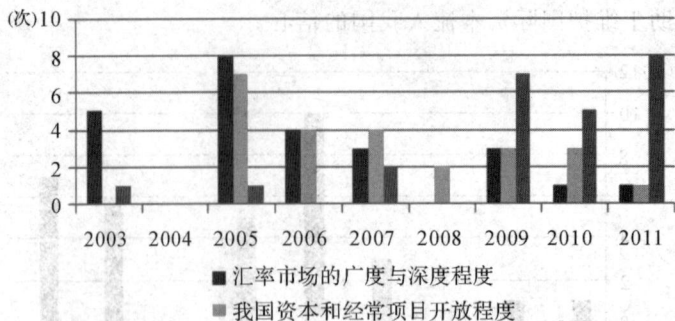

图 6.14　2003—2011 年我国人民币汇率改革次数图

在 2010—2011 年,欧美经济笼罩在欧债危机的阴霾中,美国多轮量化宽松的货币政策释放的大量流动性流入我国等新兴经济体国家,引起新兴市场资产价格升高及通货膨胀。内需和外需不振的情况同时存在,在这种情况下,收紧货币政策对我国经济形成的负面打击影响较大,但这也正是汇率形成机制市场化程度增强的恰当时机,通过推进汇率市场化改革,减轻因央行在外汇市场上对冲而释放的过多的流动性,适当对汇率水平加以调整以防止汇率升值预期减弱及可能出现的贬值预期而引起的资本大量外逃。

我国在美国次贷危机和欧债危机爆发后对人民币汇率政策的变动符合本章的研究结论。在美国次贷危机爆发后,我国曾选择了重新钉住美元的汇率政策,这是由于国内外经济形势尚在悲观预期中,对于经济在短时期内恢复的信心较弱。但是欧债危机后期,我国对实体经济的良好运行,尚且乐观。虽然人民币贬值预期存在,但不至于会出现大量资本外逃,人民币汇率的市场化改革正当时。如 2012 年 4 月 16 日起,央行将银行间即期外汇市场人民币兑美元交易价浮动幅度由千分之五扩大至百分之一,这是将人民币的市场化形成机制改革又向前推进了一步。

6.5　小　结

本章考察了我国双重风险溢价——汇率风险溢价和股票市场风险溢价的动态波动关系,并将其纳入开放经济模型中,对央行损失函数进行优化求解,发现最优利率水平需要对通货膨胀、产出缺口、外汇市场的风险溢价和汇率波动做出反应。外汇市场风险溢价对最优利率水平的影响系数,与央行损失函数的贴现因子无关,而分别与产出和股市风险溢价相关程度以及汇率风险溢价和股市风险溢价相关程度这两个变量正相关;与产出和实际利率的相关程度以及股市风险溢价和实际利率的相关程度这两个变量负相关。

通过对我国 2005 年 1 月至 2011 年 5 月的数据研究采用状态空间模型研究发现,人民币兑美元的汇率风险溢价处于正值状态时,央行在制定利率政策时,如果考虑汇率风险溢价,这会为最优利率水平赋予了一个向下调整的驱动力,汇率风险溢价越高时,这个向下调整的驱动力就越大。

在利率政策和汇率波动管理的最优搭配时机选择时,在投资者预期乐观时,央行通过加息方法来抑制通货膨胀,汇率风险溢价水平的提高吸引境外资金流入,带动投资情绪改善,刺激实体经济复苏。在投资者对未来经济前景存在担忧时,国际流动资本仅在货币市场享受较高的汇率风险溢价,对风险资产(如股票)的溢价回报需求降低,"热钱"流入无法对风险资产的增持以及进一步缩小产出缺口起到明显的刺激作用。这时需要适当控制加息节奏,并推进汇率市场化改革,以缓解"热钱"流入对物价水平的冲击,保证我国经济的平稳运行。

6.6　附　录

6.6.1　双重风险溢价与热钱和 VIX 指数的协整效应

本章研究的样本选取我国在 2007 年 5 月进行的汇率制度改革后,资本管制程度有所放松的情况下,研究"热钱"流入与双重风险溢价及 VIX 指数的协整效应。

(1)平稳性检验

表 6.5　热钱 hy 和 VIX 指数的 v_ix 的平稳性检验结果

	ADF test	PP test
hy	-3.03^{**}	-6.31^{***}
Δhy	-16.36^{***}	-20.56^{***}
v_ix	-1.81	-2.21
Δv_ix	7.98^{***}	-7.55^{***}

注:单位根检验均含常数项,* 、** 和 *** 分别表示在 10%、5% 和 1% 的显著性水平下拒绝序列含有单位根的原假设。

由表 6.5 可以看出,在置信水平为 1%时,"热钱"总量与 VIX 指数都是不平稳的,但都是一阶单整的(hy 虽然通过了 PP 检验,但是在 1%的置信度水平下,ADF 检验仍无法通过)。结合 6.2 节对汇率风险溢价 w 和股市风险溢价 sp 的单位根检验结果,发现这四个变量在 1%的置信度水平下都是一阶单整的,所以可以进一步研究它们之间的是否存在长期均衡关系。

(2)协整检验

由于是考察多变量之间的协整关系,这里采用 Johansen 检验方法,以进一步确定相关变量在长期均衡时的符号关系。根据检验当假设序列存在线性确定性趋势且协整方程(CE)有截距也存在趋势项时协整方程的 AIC 值最小,迹检验结果显示在 5%显著水平下至少存在一个协整方程,通过分析得到结果见表 6.6。

表 6.6　"热钱"流入与双重风险溢价及 VIX 指数的 Johanson 协整检验

原假设	特征根	迹统计量	5%置信度水平下的临界值	P 值
None*	0.343047	58.18297	47.85613	0.004
At most 1	0.170187	29.1931	29.79707	0.0586
At most 2	0.131448	16.32077	15.49471	0.0375
At most 3	0.091177	6.596757	3.841466	0.0102

原假设	特征根	最大特征值统计量	5%置信度水平下的临界值	P 值
None*	0.343047	28.98987	27.58434	0.0328
At most 1	0.170187	12.87233	21.13162	0.464
At most 2	0.131448	9.724014	14.2646	0.2307
At most 3	0.091177	6.596757	3.841466	0.0102

从检验结果中可以得出:在 5%的显著性水平下,$r=0$ 的假设被拒绝,$r \leqslant 1$ 的假设通过检验。这说明了,在"热钱"流入与汇率风险溢价与股市风险溢价及 VIX 指数仅仅存在一个协整向量,即四变量之间存在长期的均衡关系。关于热钱流入规模的正规化长期方程如下:

$$hy = -6239.835w - 18525.20sp - 25.71538v_ix$$

上式说明,热钱流入的规模从长期来看,与汇率风险溢价、股票风险溢价以及 VIX 指数均呈负向关系,也进一步说明我国人民币在世界市场上存在正的风险溢价,在世界经济的风险因素增加时,流入境内热钱的规模降低,而在世界经济的风险因素降低时,出现热钱流入规模增加的情形。股市风险溢价和人民币汇率风险溢价的增加会使流入的热钱规模降低,反之依然。

(3)Granger 因果检验

表 6.7　因果关系检验结果

原假设	F 统计量	P 值
dw 不是 dhy 的 Granger 原因	1.2077	0.3056
dhy 不是 dw 的 Granger 原因	1.6001	0.2099
dsp 不是 dhy 的 Granger 原因	0.4048	0.6688
dhy 不是 dsp 的 Granger 原因	4.0395**	0.0223
dv_ix 不是 dhp 的 Granger 原因	1.5338	0.2235
dv_ix 不是 dhp 的 Granger 原因	0.1514	0.8598
dv_ix 不是 dw 的 Granger 原因	3.5801**	0.0336
dw 不是 dv_ix 的 Granger 原因	1.8200	0.1703
dv_ix 不是 dsp 的 Granger 原因	8.2625***	0.0006
dsp 不是 dv_ix 的 Granger 原因	0.0355	0.9652

注:*、** 和 *** 分别表示在 10%、5% 和 1% 的显著性水平下,拒绝原假设。

为了研究双重风险溢价——股票市场风险溢价和人民币汇率风险溢价与"热钱"流进和流出的规模与代表全球经济运行的风险情况的 VIX 指数之间的因果关系,采用格兰杰因果关系检验法,滞后阶数选 2。检验结果如表 6.7 所示,在 2005 年 7 月我国汇率制度改革的子样本期内,汇率风险溢价的变化与"热钱"进出变化量无法呈现格兰杰因果关系。股市风险溢价不是"热钱"进出变化量的格兰杰原因,但在 5% 的显著性水平下"热钱"进出变化量是股市风险溢价的格兰杰原因。而股市风险溢价和 VIX 指数并不互为彼此的格兰杰原因。VIX 是人民币汇率风险溢价变动的格兰杰原因,但反之人民币汇率风险溢价变动不是 VIX 指数的格兰杰原因。而且 VIX 指数是股票市场风险溢价变动在 1% 显著性水平下的格兰杰原因,而股票市场风险溢价的变动不是 VIX 指数变动的格兰杰原因。

从上面的分析中可以发现,股市风险溢价波动的因素受到全球经济波动指数 VIX 的影响,说明我国股市与外国经济的联动性是较强的,而且汇率风险溢价和热钱流入这两种渠道都能够改变股票市场的风险溢价,其代表的宏观经济运行中的风险溢价,必然对我国实体经济波动产生重要的影响。

6.6.2 资产负债组合效应与双重风险溢价关系的理论模型推导

一、基本假设

(1)企业的生产经营期划分为 3 个时期,分别为 −1、0 和 1。企业进行投资决策的时期为第 0 期,企业在第 1 期才能从投资中获得收益。而投资之前的状态归属于第 −1 期;企业的生产函数为 $f(I)$,此处忽略劳动力投入对产出的影响。$f'(I)>0$,$f''(I)<0$,折现率为 0。企业在生产经营活动中获得的收益为 $R_g(\rho)$,而这里简化起见,假设生产销售成本为 0。经营活动中的收益与宏观经济中的风险溢价 ρ 负相关,有 $\dfrac{\partial R_g(\rho)}{\partial \rho}<0$。假设企业在第 0 期还需偿还第 −1 期到期的负债,总资产中负债的比率为 τ,因为企业的经营具有连续性,负债比率 τ 不变。则企业在第 0 期需偿还的上期负债额为 $\tau \overline{A}$。

(2)企业在第 0 期投资 I,I 的融资可通过内源融资和外源融资两种方式获得。假设内源性融资是从企业留存收益中获得投资资金在资产负债表上表现为出售 $\alpha \in (0,1)$ 比率的资产。简化起见,视企业持有自身股票作为资产(或所有者权益),不考虑其他形式的资产。企业在第 −1 期的总资产为 $\overline{A}$,资产价格的平均水平为 1,到第 0 期变化率为 $p(\rho)$,$\dfrac{\partial p}{\partial \rho}<0$,这里假设资本市场的风险溢价与宏观经济中的风险溢价水平相同。根据讨论的需要,也会将资产价格的变动设为向量 $\vec{p}_{n*1}$,其中 n 为资产项目的种类;企业的外源融资 B 是通过信贷市场取得的,排除了通过增发新股进行融资的情况。信贷资金提供者(银行)按照企业投资 I 中的可抵押资产的比率 $\tau \in (0,1)$ 出借资金,τ 越高,从银行能够获得的贷款占总投资额的比率就越大。

二、基本模型

企业在第 1 期追求收益最大化,$P_g(\rho)$ 表示企业的生产经营收益,而生产经营成本为零。企业最大化问题为:

$$\max_I R_g(\rho)f(I)-I \tag{6.21}$$

$$\text{s.t} \quad I \leqslant \alpha p \overline{A}-\tau \overline{A}+\tau I \tag{6.22}$$

则投资 I 的一阶最优条件需满足:$f'(I^{FB})=1/R_g(\rho)$,并且 $\alpha p(\rho)\overline{A}-\tau \overline{A}+\tau I^{FB} \geqslant I^{FB}$。

企业在第 0 期的最优投资 I^{FB} 是资产负债表中 $\alpha \overline{A}$ 的资产以 $p(\rho)$ 的价格出让所获得的资金(也包含对企业所持现金的使用),在偿还贷款 $\tau \overline{A}$ 后所剩余额

和通过银行的借款 τI^{FB} 两部分筹集实现的。此时企业不存在资金约束。投资额可以达到一阶最优的投资额度。

$$I = I^{FB}, \text{当} \ \alpha p(\rho)\overline{A} - \tau\overline{A} \geqslant (1-\tau)I^{FB}$$

$$\frac{\partial I}{\partial p} = 0, \text{当} \ \alpha p(\rho)\overline{A} - \tau\overline{A} \geqslant (1-\tau)I^{FB}$$

即企业可使用现金或者可变现资产较多时,企业不会面临资金约束;或者企业产品销路不畅,市场需求不旺时,宏观经济风险溢价过高,$\rho \to \infty$,$R_g \to 0$,$f'(I^{FB}) \to \infty$,这时企业的投资意愿为0,也会出现投资资金不受约束的状态。

当企业的最优投资水平 $I^* < I^{FB}$ 时,即企业存在资金约束,资产价格的风险溢价波动对企业投资会产生明显影响,使其无法达到一阶最优的投资水平,即当 $\alpha p(\rho)\overline{A} - \tau\overline{A} < (1-\tau)I^{FB}$,企业面临资金约束,投资水平为:

$$I = \frac{\alpha p(\rho)\overline{A} - \tau\overline{A}}{1-\tau} \tag{6.23}$$

当 $\alpha p(\rho)\overline{A} - \tau\overline{A} < (1-\tau)I^{FB}$,则风险溢价 ρ 对投资的影响为:

$$\frac{\partial I}{\partial \rho} = \frac{\alpha\overline{A}}{1-\tau} \times \frac{\partial p}{\partial \rho} = \frac{\beta\alpha\overline{A}}{1-\tau} \tag{6.24}$$

当 $\alpha p(\rho)\overline{A} - \tau\overline{A} < (1-\tau)I^{FB}$,(6.24)式表明,企业在受到资金约束时,资产价格变化 Δp 对投资 ΔI 的影响:

$$\Delta I = \alpha\beta\overline{A}\Delta\rho + \tau\Delta I \tag{6.25}$$

$$\Delta I = \frac{\alpha\beta\overline{A}}{1-\tau}\Delta\rho \tag{6.26}$$

企业的投资变增量 ΔI 与 $\Delta\rho$ 负向变化($\alpha\beta\overline{A}/(1-\tau) < 0$),相关系数 k 为 $\alpha\beta\overline{A}/(1-\tau) > 0$。当 $\Delta p < 0$,企业投资的资金会增加 $\alpha\beta\overline{A}\Delta\rho/(1-\tau)$;当 $\Delta p > 0$,企业的投资资金减少 $\alpha\beta\overline{A}\Delta\rho/(1-\tau)$。相关系数 k 对总资产 $\overline{A}$、可出售的资产比率 α、资产价格与股票风险溢价的相关性 β、抵押品比率 τ 求导可得:

$$\frac{\partial^2 I}{\partial\rho\partial A} = \frac{\alpha\beta}{1-\tau} \tag{6.27}$$

$$\frac{\partial^2 I}{\partial\rho\partial a} = \frac{\overline{A}\beta}{1-\tau} \tag{6.28}$$

$$\frac{\partial^2 I}{\partial\rho\partial\tau} = \frac{\alpha\beta\overline{A}}{(1-\tau)^2} \tag{6.29}$$

其中,(6.27)式表示资产市场的风险溢价波动对投资影响系数 k 与总资产 $\overline{A}$ 的变化成反比(相关度为 $\alpha\beta/(1-\tau) < 0$);(6.28)式表示资产市场的风险溢波动对投资的影响系数 k 与可出售的资产比率 α 的变化成反比(相关度为 $\overline{A}\beta/(1-\tau) < 0$),

这表示企业通过内源性融资出售资产——使用现金或变现资产的意愿和能力越强,资本市场风险溢价的波动对投资影响越大;(6.29)式表示资本市场风险溢价波动对投资影响系数 k 与负债比率 τ 成正比(相关度为 $\alpha\beta\overline{A}/(1-\tau)^2<0$)。为了偿还第 -1 期的债务,企业在第 0 期就必须出售一定量的资产,已获得还债的资金,这样在风险溢价下降时,资产价格上涨,获得的盈余以及资本市场的风险溢价上升时,承担的损失,都会对企业的投资行为产生影响。

基本模型的讨论建立在企业仅能通过选择内源性融资调节资金的约束度,外源性融资由可抵押物占总投资的比率决定。

三、拓展讨论

基本模型满足的假设较多,下面的讨论是通过放宽——所有资产价格波动一致和仅存在抵押借贷——这两个假设条件。分别给出了在不同资产的价格波动存在差异、存在非抵押贷款和贷款存在外币贷款三种情况下,不同资本市场的风险溢价与汇率风险溢价波动对企业投资的影响。

(1)不同资产的价格波动存在差异时

假设第 0 期,资产价格 $\vec{p}$ 的向量为 $(p_1,p_2,\cdots,p_n)$,为了简化模型,将资产分为现金、除现金之外的流动资产和非流动性资产 3 大类。并假设非流动性资产全部为可抵押资产。当 $\alpha\overline{A}$ 中现金资产比率为 c,现金在不考虑通货膨胀的情况下,价格 p_1 为 1;当 $\alpha\overline{A}$ 中流动性资产比率为 l,如持有的金融资产:股票、债券、应收账款、存货等,在第 0 期的价格为 p_2;与金融资产的风险溢价 ρ_2 负相关,$\dfrac{\partial p_2}{\partial \rho_2}=\beta_2<0$。当 $\alpha\overline{A}$ 中非流动资产性比率为 τ',这里仅考虑固定资产如不动产等的价格为 p_3,与金融资产的风险溢价 ρ_3 负相关,$\dfrac{\partial p_3}{\partial \rho_3}=\beta_3<0$。则 $\alpha p^T\overline{A}=(c,l,\tau')(1,p_2(\rho_2),p_3(\rho_3))^T\overline{A}=(c+lp_2(\rho_2)+\tau'p_3(\rho_3))\overline{A}$,其中 $c+l+\tau=\alpha$。

根据基本模型,在企业面临资金约束时的投资额 I 为

$$I=\frac{\alpha p\overline{A}-\tau'\overline{A}}{1-\tau}=\frac{(c+lp_2(\rho_2)+\tau'p_3(\rho_3))\overline{A}}{1-\tau} \tag{6.30}$$

对(6.30)式关于 ρ_2,ρ_3 分别求导得

$$\frac{\partial I}{\partial \rho_2}=\frac{l\beta_2\overline{A}}{1-\tau} \tag{6.31}$$

$$\frac{\partial I}{\partial \rho_3}=\frac{\tau'\beta_3\overline{A}}{1-\tau} \tag{6.32}$$

其中,(6.31)式和(6.32)式表明金融资产与不动产市场风险溢价变化对企

业投资增量的影响与它们在可出售资产中所占的比率不同而存在差异。这说明：企业的资产配置比率以及资产价格对相应资产的风险溢价反映系数对企业的投资与不同市场风险溢价波动的相关性有明显的影响。例如，金融资产占总资产比重较高的企业，资产价格对该市场风险溢价的反应系数越高，在金融资产风险溢价上升（下降）时，投资额度下降（增加）幅度较大；不动产占总资产比重较高的企业，资产价格对该市场风险溢价的反应系数越高，在不动产市场的风险溢价上升（下降）时，投资额度下降（增长）幅度较大。

还有一种特殊的情况，是流动性资产中包含外币资产时。当 $\alpha\overline{A}$ 中流动性资产比率为 $l=l_h+l_f$，其中 l_h 表示人民币的流动性资产，而 l_u 表示外币资产。在第 0 期的价格为 p_{2h}；与金融资产的风险溢价 ρ_{2h} 负相关，$\dfrac{\partial p_{2h}}{\partial \rho_{2h}}=\beta_{2h}<0$。而外币资产的在第 0 期的价格为 p_{2u}；与金融资产的风险溢价 ρ_{2u} 负相关，$\dfrac{\partial p_{2u}}{\partial \rho_{2u}}=\beta_{2u}<0$，与上述同理推导可得

$$\frac{\partial I}{\partial \rho_{2h}}=\frac{l_h\beta_{2h}\overline{A}}{1-\tau} \tag{6.33}$$

$$\frac{\partial I}{\partial \rho_{2u}}=\frac{l_f\beta_{2u}\overline{A}}{1-\tau} \tag{6.34}$$

说明人民币和外币资产的风险溢价对企业投资增量的影响，与影响的资产配置比例，以及资产价格对风险溢价的反映系数有关。人民币资产占比较高的企业，且人民币资产价格对市场风险溢价的反应系数越高时，在其风险溢价上升（下降）时，投资额度下降（增加）幅度较大；外币资产占比较高的企业，且外币资产价格对市场风险溢价的反应系数越高时，在其风险溢价上升（下降）时，投资额度下降（增长）幅度较大。

（2）存在非抵押贷款时

企业通过外源性融资获得的借款 B 不仅来源于抵押贷款 τI，还有一部分来源于非抵押贷款。一般来说，抵押贷款能够缓解信息不对称问题，利息率较低，这里可忽略贷款成本，而非抵押贷款通过收取较高的利息费用，来弥补信息不对称问题而产生的逆向选择和道德风险问题（Bernanke & Gertler，1990）。

假设非抵押贷款的利息费用成本为 $C=E\cdot C_E(\tau,p(\rho'))$，$E$ 表示非抵押贷款的额度。τ 表示可抵押品占总资产的比率，$\tau=(0,1)(\overline{A}_l,\overline{A}_f)^T/\overline{A}$，其中 $\overline{A}_l$ 表示不可抵押资产，$\overline{A}_f$ 表示可抵押资产。$\rho'=(\rho_l,\rho_f)$，其中 ρ_l 表示在第 0 期非抵押资产的风险溢价水平，ρ_f 表示可抵押资产的风险溢价水平。一般情况下可抵

押资产为固定资产等不动产,而非抵押资产为金融资产等流动性较高的资产。

企业的最优决策是:

$$\max_{I} R_g(\rho) f(I) - I - E \times C_E(\tau, p(\rho')) \tag{6.35}$$

$$s.t. \quad I \leqslant E + \alpha p(\rho_f)\overline{A} - \tau\overline{A} + \tau I - C \tag{6.36}$$

其中,C_E 表示每单位 E 承担的融资成本。假设 $\frac{\partial C_E}{\partial p}\frac{\partial p}{\partial \rho'} > 0, \frac{\partial C_E}{\partial \tau} < 0$ 分别表示随着资产风险溢价的降低和可抵押物比率的提高,非抵押借贷的边际成本降低。

若 $E + \alpha p(\rho_f)\overline{A} - \tau\overline{A} + \tau I - C < I^{FB}$ 时,企业会面临资金约束时,则有

$$I - \tau I = E - \alpha p(\rho)\overline{A} + \tau\overline{A} + E \cdot C_E(\tau, p(\rho)) \tag{6.37}$$

对(6.35)式关于 ρ 求导,可得

$$\frac{\partial I}{\partial \rho} = \frac{\alpha\overline{A}\left(\frac{\partial p}{\partial \rho}\right) - E\left(\frac{\partial C_E}{\partial p} \cdot \frac{\partial p}{\partial \rho}\right)}{1 - \tau} \tag{6.38}$$

$$\Delta I = \frac{\alpha\overline{A}\beta' - E\gamma\beta'}{1 - \tau}\Delta\rho \tag{6.39}$$

假设 $\frac{\partial p}{\partial \rho} = \beta' < 0, \frac{\partial C_E}{\partial p} = \gamma < 0$,并假设宏观经济中的风险溢价水平与抵押资产和非抵押资产的风险溢价水平相同。

(6.39)式表示风险溢价水平变化 $\Delta\rho$ 时,企业的投资变动量 ΔI 与 $\Delta\rho$ 同向变化 $\left(\frac{\alpha\overline{A}\beta' - E\gamma\beta'}{1 - \tau}\right) < 0$,相关系数 k' 为 $\left(\frac{\alpha\overline{A}\beta' - E\gamma\beta'}{1 - \tau}\right)$。与基本模型中的相关系数 k 相比,$|k'| > |k|$,即由于 ρ 的降低(增加),非抵押贷款成本降低(增加),使投资与资产价格的相关性增强。

(6.39)式也可写成:

$$\Delta I = \tau\Delta I + \alpha\overline{A}\beta'\Delta\rho - E\gamma\beta'\Delta\rho \tag{6.40}$$

上式意味着随着风险溢价 ρ 的降低(增加),企业投资的增加(减少)主要来源于三个方面:一是抵押贷款获得的投资增(减)量 $\tau\Delta I$,此项与 ρ 无关[①];二是企业在出售 α 比例的资产时,会获得的溢价收入(损失)增加(减少)了企业的可支配资金,由此造成的投资变化量为 $\alpha\overline{A}\beta'\Delta\rho'$;三是 ρ 的降低,使资产价格 p 的增加(降低),使企业非抵押性借贷融资需求的单位成本 C_E 降低(增加),通过影响非抵押性借贷总额 E 而对投资产生直接影响。

---

①　抵押物资产价值提高,获得抵押贷款比率的概率提高,进而增加企业的可抵押贷款比例,可以降低抵押贷款和非抵押贷款的平均借贷成本。本节在分析时,将此效应也归入非抵押贷款成本的降低效应中。因为借款成本为 0 的抵押贷款在现实中实际是不存在的。

在货币政策条件宽松时,信贷控制较松,宏观经济中整体风险溢价较低时,非抵押贷款额度 E 会较大,会增加投资对风险溢价波动的敏感度。反之,会降低。从空间上来看,信贷控制强度会影响 k',当国内与国外资产风险溢价水平存在差异时,当人民币资产与外币资产的比例较高时,国内资产的风险溢价水平越低,越有利于企业增加投资;而在相同条件下,在国外资产风险溢价水平较低时,越不利于企业投资增量的增加。

从时间上来看,在经济繁荣时,一方面企业经营风险降低,其次投资者对宏观经济的风险溢价运行预期降低,资产价格上涨,银行信贷要求放松,非抵押借贷 E 增加,对投资的放大作用进一步增强(Chaney et al. ,2007)。而经济衰退,一方面企业经营风险增加,其次投资者对宏观经济的风险溢价的预期增加,资产价格下跌时,银行会提高信贷要求,E 比重降低,对投资的影响会有所削弱。但在经济从高点回落时,由于繁荣时积累的 E 存量较大,此时还是会放大对 I 的缩减量的影响效应,存在滞后效应。

(3)贷款存在外币贷款时

考虑到企业流动性资产中存在人民币资产 h 和外币资产 u 两种情况,在上面的讨论中,在国内资产与国外资产相关程度较高的情况下,国内外资产的价格是同方向同比率进行变动,但是没有考虑汇率风险。特别是在存在非抵押贷款时,银行在对企业的流动性资产进行评估时,会考虑到外币资产中所隐含的汇率波动风险。这是由于内外资产比例组合的差异存在和外部对企业资信能力的评估,使得汇率风险溢价与投资者的资产组合存在显著效应。R. Goyal 和 R. McKinnon(2003)认为净外币资产比例较高时,本币升值或者存在升值预期会使得外币资产净值下降,投资者更倾向于持有本币资产,而持有外币资产的意愿下降,所以此时本币资产会作为一种风险规避的投资品,风险溢价降低,而外币资产作为风险投资品,风险溢价升高。

这里假设,当外币资产 u 与人民币资产 h 的比重 $\psi = u/h$ 越高时,投资者对汇率波动的风险担忧就越高,持有外币资产的风险溢价会提高,而人民币汇率风险溢价会降低。而在 ψ 较低时,投资者对汇率风险波动的担忧减轻,而外币资产的风险溢价就会降低而人民币汇率的风险溢价 $w(\psi)$ 会提高,表现为企业越倾向于投资人民币资产。由于汇率波动及其预期波动是存在差异的,所以企业在人民币升值及存在升值预期时,会更倾向于出售美元资产来获得现金流;而在人民币贬值及存在贬值预期时,会更倾向于出售人民币资产获得现金流。在 2005 年我国汇率制度改革之前,我国企业外币资产和外币负债主要币种是美元,汇率风险非常低,企业对调整人民币与外币资产币种的资产持有量,通过资产组合效应降低融资成本的意愿并不高。但如图 6.15 所示,在 2008 年 2 月至 2008 年 7 月人民币单边升值预期,以及 2009 年 6 月至 2011 年 6 月我国采取持续性的相对紧缩货币政策背景这两个阴影区域的时间段内,我国企业有意识地调整资产负债表的货币构成,外币贷款的增速大幅增加,而外币存款的增速有所减小。可以发现,人民币汇率的风险溢价通过宏观实体经济的风险溢价来影响实体经济的投资增量。在美元的风险溢价提高、人民币汇率风险溢价降低时,为了降低非抵押贷款的融资成本,会抛售美元资产,获得一定数额的内源性融资的资金,若仍然面临较高的融资约束,会缩小投资额。在美元的风险溢价降低、人民币汇率风险溢价提高时,通过抛售人民币资产,可以获得一定数额的内源性融资的资金,但是在人民币资产的风险溢价较高时,国内的资产价格较高,企业会倾向抛售自己控制的资产这种方法获得内源性融资。但是如果人民币资产的风险溢价较高时,国内的资产价格较低,企业更倾向于通过外源型融资如贷款渠道获得资金。

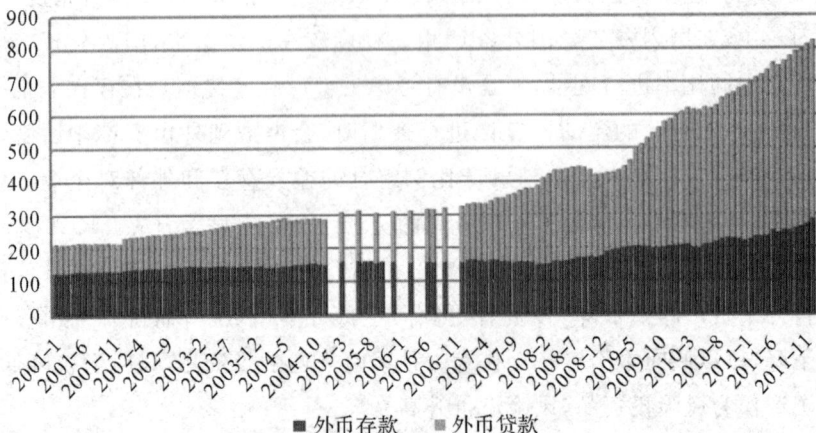

图 6.15   我国外币存款与外币贷款变化示意图(单位:百万美元)①

若考虑流动性不同的资产与不动产风险溢价的波动性,如人民币资产和外币资产风险溢价的波动性,可以进一步探讨企业跨期经营的稳定性问题。一般来说,持有的流动性资产中,该类资产的风险溢价波动率高于一般的不动产如固定资产投资(抵押物),所以流动性资产占总资产比重较高的企业,投资行为

___

① 图 6.15 中未显示的部分为数据缺失。

的稳定性较弱,投资额易于受到金融市场价格波动的影响,会提高在下一期出现偿付困难的概率。而当外币资产的波动性较本币资产高时,外币资产占总资产比重较高的企业,投资行为的稳定性较弱。而且加之考虑汇率波动的因素,一般来说,外币资产占比较高的企业在本国汇率升值时,面临资产缩水的风险更大,投资的不稳定性也会更强。

6.6.3　货币政策与汇率管理的大事记

表 6.8　2002 年之后我国历次存款准备金率调整的方向和幅度①

时　间	适用机构	调整之前	调整之后	调整幅度	调整方向
2002			6%		
2003-9-21	所有金融机构	6%	7%	+1%	提高
2004-4-25	所有金融机构	7%	7.5%	+0.5%	提高
2006-7-5	所有金融机构	7.5%	8%	+0.5%	提高
2006-8-15	所有金融机构	8%	8.5%	+0.5%	提高
2006-11-15	所有金融机构	8.5%	9%	+0.5%	提高
2007-1-15	所有金融机构	9%	9.5%	+0.5%	提高
2007-2-15	所有金融机构	9%	9.5%	+0.5%	提高
2007-4-16	所有金融机构	10%	10.5%	+0.5%	提高
2007-5-15	所有金融机构	10.5%	11%	+0.5%	提高
2007-6-6	所有金融机构	11%	11.5%	+0.5%	提高
2007-8-15	所有金融机构	11.5%	12%	+0.5%	提高
2007-9-25	所有金融机构	12%	12.5%	+0.5%	提高
2007-10-25	所有金融机构	12.5%	13%	+0.5%	提高
2007-11-26	所有金融机构	13%	13.5%	+0.5%	提高
2007-12-25	所有金融机构	13.5%	14.5%	+1%	提高
2008-1-25	所有金融机构	14.5%	15%	+0.5%	提高
2008-3-25	所有金融机构	15%	15.5%	+0.5%	提高

---

①　本表内容均来自中国人民银行网站。

续表

时　间		调整之前	调整之后	调整幅度	调整方向
2008-4-25	所有金融机构	15.5%	16%	+0.5%	提高
2008-5-20	所有金融机构	16%	16.5%	+0.5%	提高
2008-6-15	所有金融机构	16.5%	17.5%	+1%	提高
2008-9-15	中小金融机构	17.50%	16.50%	-1%	下降
	大型金融机构	17.50%	17.50%	0	
2008-10-15	中小金融机构	16.50%	16.00%	-0.50%	下降
	大型金融机构	17.50%	17.00%	0	
2008-12-5	中小金融机构	16.00%	14.00%	-2%	下降
	大型金融机构	17.00%	16.00%	-1%	下降
2008-12-25	中小金融机构	14.00%	13.50%	-0.50%	下降
	大型金融机构	16.00%	15.50%	-0.50%	下降
2010-1-18	中小金融机构	13.50%	13.50%	0	提高
	大型金融机构	15.50%	16.00%	0.50%	提高
2010-2-25	中小金融机构	13.50%	13.50%	0	
	大型金融机构	16.00%	13.50%	0.50%	提高
2010-5-10	中小金融机构	13.50%	13.50%	0	
	大型金融机构	16.50%	17.00%	0.50%	提高
2010-11-16	中小金融机构	13.50%	14.00%	0.50%	提高
	大型金融机构	17.00%	17.50%	0.50%	提高
2010-11-29	中小金融机构	14.00%	14.50%	0.50%	提高
	大型金融机构	18.00%	18.50%	0.50%	提高
2010-12-20	中小金融机构	15.00%	15.50%	0.50%	提高
	大型金融机构	18.50%	19.00%	0.50%	提高
2011-1-20	中小金融机构	15.50%	16.00%	0.50%	提高
	大型金融机构	19.00%	19.50%	0.50%	提高
2011-2-24	中小金融机构	16.00%	16.50%	0.50%	提高
	大型金融机构	19.50%	20.00%	0.50%	提高

续表

时　　间		调整之前	调整之后	调整幅度	调整方向
2011-3-25	中小金融机构	16.50%	17.00%	0.50%	提高
	大型金融机构	20.00%	20.50%	0.50%	提高
2011-4-21	中小金融机构	17.00%	17.50%	0.50%	提高
	大型金融机构	20.50%	21.00%	0.50%	提高
2011-5-28	中小金融机构	17.50%	18.00%	0.50%	提高
	大型金融机构	21.00%	21.50%	0.50%	提高
2011-6-20	中小金融机构	18.00%	17.50%	0.50%	提高
	大型金融机构	21.50%	21.00%	0.50%	提高

注:从 2008 年 9 月 25 日起,除工商银行、农业银行、中国银行、建设银行、交通银行、邮政储蓄银行暂不下调外,其他存款类金融机构人民币存款准备金率下调 1 个百分点。从 2008 年 12 月 5 日起,下调工商银行、农业银行、中国银行、建设银行、交通银行、邮政储蓄银行等大型存款类金融机构人民币存款准备金率 1 个百分点,下调中小型存款类金融机构人民币存款准备金率 2 个百分点。

表 6.9　2002 年之后金融机构人民币存款基准利率　　　　（单位:%）

调整时间	活期	3 个月	6 个月	定期 1 年	定期 2 年	定期 3 年	定期 5 年
2002-2-21	0.72	1.71	1.89	1.98	2.25	2.52	2.79
2004-10-29	0.72	1.71	2.07	2.25	2.7	3.24	3.6
2006-8-19	0.72	1.8	2.25	2.52	3.06	3.69	4.14
2007-3-18	0.72	1.98	2.43	2.79	3.33	3.96	4.41
2007-5-19	0.72	2.07	2.61	3.06	3.69	4.41	4.95
2007-7-21	0.81	2.34	2.88	3.33	3.96	4.68	5.22
2007-8-22	0.81	2.61	3.15	3.6	4.23	4.95	5.49
2007-9-15	0.81	2.88	3.42	3.87	4.5	5.22	5.76
2008-10-09	0.72	3.15	3.51	3.87	4.41	5.13	5.58
2008-10-30	0.72	2.88	3.24	3.60	4.14	4.77	5.13
2008-11-27	0.36	1.98	2.25	2.52	3.06	3.60	3.87
2008-12-23	0.36	1.71	1.98	2.25	2.79	3.33	3.60
2010-10-20	0.36	1.91	2.20	2.50	3.25	3.85	4.20
2010-12-26	0.36	2.25	2.50	2.75	3.55	4.15	4.55
2011-2-9	0.40	2.60	2.80	3.00	3.90	4.50	5.00
2011-4-6	0.50	2.85	3.05	3.25	4.15	4.75	5.25
2011-7-7	0.50	3.10	3.30	3.50	4.40	5.00	5.50

表 6.10　2002 年之后金融机构人民币贷款基准利率　　　（单位：%）

调整时间	6 个月	1 年	1～3 年	3～5 年	5 年以上	调整方向
2002-02-21	5.04	5.31	5.49	5.58	5.76	
2004-10-29	5.22	5.58	5.76	5.85	6.12	提高
2006-4-28	5.40	5.85	6.03	6.12	6.39	提高
2006-8-19	5.58	6.12	6.30	6.48	6.84	提高
2007-3-18	5.67	6.39	6.57	6.75	7.11	提高
2007-5-19	5.85	6.57	6.75	6.93	7.20	提高
2007-7-21	6.03	6.84	7.02	7.20	7.38	提高
2007-8-22	6.21	7.02	7.20	7.38	7.56	提高
2007-9-15	6.48	7.29	7.47	7.65	7.83	提高
2007-12-21	6.57	7.47	7.56	7.74	7.83	提高
2008-9-16	6.21	7.20	7.29	7.56	7.74	降低
2008-10-09	6.12	6.93	7.02	7.29	7.47	降低
2008-10-30	6.03	6.66	6.75	7.02	7.20	降低
2008-11-27	5.04	5.58	5.67	5.94	6.12	降低
2008-12-23	4.86	5.31	5.40	5.76	5.94	降低
2010-10-20	5.10	5.56	5.60	5.96	6.14	提高
2010-12-26	5.35	5.81	5.85	6.22	6.40	提高
2011-2-9	5.60	6.06	6.10	6.45	6.60	提高
2011-4-6	5.85	6.31	6.40	6.65	6.80	提高
2011-7-7	6.10	6.56	6.65	6.90	7.05	提高

表 6.11　人民币汇率波动管理大事记列表①

右栏中的 1、2、3 分别代表汇率市场的广度与深度程度、我国资本和经常项目开放程度以及人民币国际化程度	1	2	3
2003 年			
4 月 10 日　建立人民币实际有效汇率监测分析体系,监测与分析人民币汇率贸易加权指数和双边实际汇率。	↑		
7 月 2 日　下调美元等外币小额存款利率;放开了境内英镑、瑞士法郎、加拿大元的小额存款利率管理,由各商业银行自行确定并公布。	↑		
7 月 30 日　改革人民币出口卖方信贷利率形成机制,即出口卖方信贷利率在国债收益率平均水平基础上加点确定。	↑		
9 月 19 日　组织国家开发银行发行了国内第一只美元债券,总额 5 亿美元。			↑
10 月 8 日　建立人民币汇率压力监测指标,定期分析人民币汇率压力情况。	↑		
11 月 20 日　放开金融机构外币小额存款利率下限。金融机构法人可以人民银行公布的外币小额存款利率为上限,自主确定外币小额存款利率。	↑		
2005 年			
2 月 18 日　发布实施《国际开发机构人民币债券发行管理暂行办法》,允许符合条件的国际开发机构在国内发行人民币债券,引进国际债券发行的先进经验和管理技术,推进国内债券市场开放与发展。		↑	
4 月 30 日　中国人民银行批准泛亚债券指数基金(泛亚基金,PAIF)进入银行间债券市场,使其成为银行间债券市场引入的第一家境外机构投资者。		↑	
5 月 18 日　批准银行间外汇市场正式开办外币买卖业务。同日,中国外汇交易中心推出八对外币买卖业务。八对交易货币分别是美元兑欧元、日元、港元、英镑、瑞郎、澳元和加元,以及欧元兑日元。该项业务的推出将有利于完善我国外汇市场体系,满足市场的投融资需求和避险需求,提高金融机构的风险管理能力,建立起连接国际金融市场的通道。	↑		
7 月 21 日　经国务院批准,发布《关于完善人民币汇率形成机制改革的公告》。一是自 2005 年 7 月 21 日起,我国开始实行以市场供求为基础、参考一篮子货币进行调节、有管理的浮动汇率制度。人民币汇率不再钉住单一美元。二是中国人民银行于每个工作日闭市后公布当日银行间外汇市场美元等交易货币对人民币汇率的收盘价,作为下一个工作日该货币对人民币交易的中间价格。三是 2005 年 7 月 21 日 19:00 时,美元对人民币交易价格调整为 1 美元兑 8.1100 元人民币,作为次日银行间外汇市场上外汇指定银行之间交易的中间价。四是每日银行间外汇市场美元对人民币的交易价仍在人民银行公布的美元交易中间价上下千分之三的幅度内浮动,非美元货币对人民币的交易价在人民银行公布的该货币交易中间价上下一定幅度内浮动。	↑		

---

① 内容来源:中国人民银行网站——货币政策大事记 http://www.pbc.gov.cn

续表

日期	内容		
7月22日	中国人民银行宣布,将于每个工作日闭市后在中国人民银行网站发布《人民币汇率交易收盘价公告》,公布当日银行间外汇市场美元等交易货币对人民币汇率的收盘价。	↑	
8月2日	发布实施《关于扩大外汇指定银行对客户远期结售汇业务和开办人民币与外币掉期业务有关问题的通知》,有利于国内经济主体进行汇率风险管理,并对扩大银行的服务范围,培育国内人民币对外币衍生产品市场等具有重要意义。	↑	
8月2日	国家外汇管理局发布实施《关于放宽境内机构保留经常项目外汇收入有关问题的通知》,根据境内机构经常项目外汇收支实际情况,将境内机构经常项目外汇账户保留现汇的比例,由原来的30%和50%调高至50%和80%。		↑
8月3日	国家外汇管理局发布实施《关于调整境内居民个人经常项目下因私购汇限额及简化相关手续的通知》,进一步调整居民个人经常项目购汇政策,提高了境内居民个人经常项目下因私购汇指导性限额,简化相关购汇手续。对于持因私护照的境内居民个人出境旅游、探亲、考察等有实际出境行为的购汇指导性限额,由原来的等值3000美元和5000美元提高至5000美元和8000美元。		↑
8月8日	发布实施《关于加快发展外汇市场有关问题的通知》,扩大市场参与主体,增加市场交易模式,丰富市场交易品种,进一步推进银行间外汇市场发展,为完善人民币汇率形成机制提供基础支持。	↑	
8月15日	中国外汇交易中心正式推出银行间远期外汇交易品种,外汇交易系统同时自动升级。当日,中国工商银行和中国建设银行共成交2笔美元对人民币远期交易,期限分别为1个月和1年。	↑	
8月16日	国家外汇管理局发布《关于调整境内银行为境外投资企业提供融资性对外担保管理方式的通知》,进一步加大对境外投资的支持力度。将境内外汇指定银行为中国境外投资企业融资提供对外担保的管理方式,由逐笔审批调整为年度余额管理。同时将实施对外担保余额管理的银行范围由个别银行扩大到所有符合条件的境内外汇指定银行,将可接受境内担保的政策受益范围由境外中资企业扩大到所有境内机构的境外投资企业。		↑
9月22日	国家外汇管理局发布实施《关于调整银行结售汇头寸管理办法的通知》,将现行结售汇周转头寸涵盖范围扩展为外汇指定银行持有的因人民币与外币间交易而形成的外汇头寸,并实行结售汇综合头寸管理。		↑

续表

日期	内容			
9月23日	发布实施《关于进一步改善银行间外汇市场交易汇价和外汇指定银行挂牌汇价管理的通知》。扩大了银行间即期外汇市场非美元货币对人民币交易价的浮动幅度，从原来的上下1.5%扩大到上下3%；调整了银行对客户美元挂牌汇价的管理方式，实行价差幅度管理，美元现汇卖出价与买入价之差不得超过交易中间价的1%；现钞卖出价与买入价之差不得超过交易中间价的4%，银行可在规定价差幅度内自行调整当日美元挂牌价格。另外，还取消了银行对客户挂牌的非美元货币的价差幅度限制，银行可自行制定非美元对人民币价格，可与客户议定所有挂牌货币的现汇和现钞买卖价格。	↑		
10月9日	批准国际金融公司和亚洲开发银行在全国银行间债券市场分别发行人民币债券11.3亿元和10亿元，这是中国债券市场首次引入外资机构发行主体。		↑	
11月1日	为进一步满足香港人民币业务发展需要，经国务院批准，决定扩大为香港银行办理人民币业务提供平台及清算安排的范围。扩大香港居民人民币业务，并提高个人现钞兑换上限。			↑
11月24日	国家外汇管理局发布实施《银行间外汇市场做市商指引（暂行）》及《关于在银行间外汇市场推出即期询价交易有关问题的通知》，在银行间外汇市场引入做市商制度。	↑		
2006年				
1月3日	发布实施《关于进一步完善银行间即期外汇市场的公告》，旨在完善以市场供求为基础，参考一篮子货币进行调节，有管理的浮动汇率制度，促进外汇市场发展，丰富外汇交易方式，提高金融机构自主定价能力。《公告》宣布自2006年1月4日起，在银行间即期外汇市场上引入询价交易（OTC）方式，并保留撮合方式。在银行间外汇市场引入做市商制度，为市场提供流动性。中国人民银行授权中国外汇交易中心于每个工作日上午9时15分对外公布当日人民币兑美元、欧元、日元和港币汇率中间价，作为当日银行间即期外汇市场（含OTC方式和撮合方式）以及银行柜台交易汇率的中间价。	↑		
3月10日	经中国人民银行批准，中国外汇交易中心与芝加哥商业交易所（CME）正式签署了国际货币产品交易合作协议。引入芝加哥商业交易所的相关金融产品，有利于促进我国金融机构在金融交易实践中提高自主定价和风险管理能力，更加有效地进行国际货币汇率和利率的风险管理。	↑		
4月14日	经国务院批准，中国人民银行发布第5号公告，调整经常项目外汇账户、服务贸易售付汇、境内居民个人购汇以及银行代客外汇境外理财、保险机构和证券经营机构对外金融投资等六项外汇管理政策。		↑	
4月18日	中国人民银行、中国银行业监督管理委员会和国家外汇管理局共同发布《商业银行开办代客境外理财业务管理暂行办法》，允许境内机构和居民个人委托境内商业银行在境外进行金融产品投资。		↑	

续表

日期	内容			
6月2日	颁布《中国人民银行外汇一级交易商准入指引》,为银行间外汇市场引入外汇一级交易商提出了具体的执行办法。	↑		
7月11日	建设部、商务部、国家发展改革委员会、中国人民银行、工商总局、国家外汇管理局联合发布《关于规范房地产市场外资准入和管理的意见》,就外商投资房地产市场准入、加强外商投资企业房地产开发商经营管理、境外机构和个人购房管理等提出意见,并进一步规划和落实了监管责任。		↑	
12月25日	公布《个人外汇管理办法》,对个人结汇和境内个人购汇实行年度总额管理,进一步便利个人贸易外汇收支活动,明确和规范了资本项目个人外汇交易和相关外汇收支活动等。		↑	
12月29日	经中国人民银行批准,中国外汇交易中心建立独立清算所,有利于完善金融市场基础设施建设,控制清算风险,提高清算效率和市场流动性。	↑		
2007 年				
1月24日	内地金融机构经批准可在香港发行人民币金融债券,进一步扩大了香港人民币业务,有利于维护香港国际金融中心的地位,增加香港居民及企业所持有人民币回流内地的渠道。			↑
4月9日	中国外汇交易中心推出新一代外汇交易系统,人民币外汇即期、远期、掉期交易和外币对交易统一通过该平台交易。	↑		
5月18日	发布《中国人民银行关于扩大银行间即期外汇市场人民币兑美元交易价浮动幅度的公告》,宣布自 5 月 21 日起将银行间即期外汇市场人民币兑美元交易价日浮动幅度由千分之三扩大至千分之五。	↑		
6月7日	中国人民银行批复同意上海黄金交易所引入外资银行在华经营性机构作为会员。		↑	
6月8日	中国人民银行与国家发展和改革委员会联合发布《境内金融机构赴香港特别行政区发行人民币债券管理暂行办法》;6 月 26 日,人民币债券开始在香港发行。			↑
7月30日	中国人民银行调整柜台远期结售汇头寸的管理方式,对主要商业银行柜台远期结售汇以贴现的方式计入头寸。		↑	
8月12日	发布《国家外汇管理局关于境内机构自行保留经常项目外汇收入的通知》,取消对境内机构外汇账户的限额管理,境内机构可根据经营需要自行保留其经常项目外汇收入。		↑	
8月17日	发布《中国人民银行关于在银行间外汇市场开办人民币外汇货币掉期业务有关问题的通知》,在银行间外汇市场开办人民币兑美元、欧元、日元、港币、英镑五个货币对的货币掉期交易,为企业和居民提供更全面灵活的汇率、利率风险管理工具。		↑	
8月20日	国家外汇管理局发布《关于开展境内个人直接投资境外证券市场试点的批复》,研究在风险可控前提下开展境内个人直接对外证券投资业务试点。		↑	

续表

2008 年			
7 月 2 日	国家外汇管理局、商务部、海关总署联合颁布实施《出口收结汇联网核查办法》,以加强跨境资金流动监管,完善出口与收结汇的真实性及一致性审核。	↑	
8 月 20 日	国家外汇管理局批准在北京和上海进行个人本外币兑换特许业务试点。	↑	
2009 年			
1 月 20 日	中国人民银行与香港金融管理局签署货币互换协议,互换规模为 2000 亿元人民币/2270 亿港元,协议有效期为 3 年。		↑
2 月 8 日	中国人民银行和马来西亚国民银行签署双边货币互换协议,互换规模为 800 亿元人民币/400 亿林吉特,协议有效期 3 年。		↑
3 月 11 日	中国人民银行同意中国银行间市场交易商协会将原《中国银行间市场金融衍生产品交易主协议》与《全国银行间外汇市场人民币外汇衍生产品主协议》合并,发布新的《中国银行间市场金融衍生产品交易主协议》,使我国场外金融衍生产品交易均受统一的主协议管辖。	↑	
3 月 11 日	中国人民银行和白俄罗斯共和国国家银行签署双边货币互换协议,互换规模为 200 亿元人民币/8 万亿白俄罗斯卢布,协议有效期 3 年。		↑
3 月 17 日	国家外汇管理局发布《关于 2009 年度金融机构短期外债指标核定情况的通知》,适当上调金融机构短期外债指标,强调增量部分全部用于支持境内企业进出口贸易融资,促进对外贸易健康平稳发展。	↑	
3 月 23 日	中国人民银行和印度尼西亚银行签署双边货币互换协议,互换规模为 1000 亿元人民币/175 万亿印尼卢比,协议有效期 3 年。		↑
4 月 8 日	国务院第 56 次常务会议决定在上海市和广东省广州市、深圳市、珠海市、东莞市开展跨境贸易人民币结算试点。		↑
5 月 14 日和 6 月 24 日	5 月 14 日和 6 月 24 日,经国务院同意,中国人民银行分别批准东亚银行(中国)和汇丰银行(中国)两家港资法人银行赴香港发行人民币债券 40 亿元和 30 亿元。		↑
6 月 10 日	国家外汇管理局发布《关于进一步完善企业贸易信贷登记和出口收结汇联网核查管理有关问题的通知》,明晰贸易信贷登记管理职责,改进出口收结汇联网核查系统,促进贸易便利化,进一步稳定外需。	↑	
7 月 13 日	为明确跨境贸易人民币结算中有关国际收支统计申报事宜,便于试点企业和银行办理相关业务,国家外汇管理局发布《关于跨境贸易人民币结算中国际收支统计申报有关事宜的通知》		↑
11 月 11 日	为促进个人本外币兑换市场的合理竞争,进一步提升我国个人兑换服务的整体水平,国家外汇管理局发布《关于扩大个人本外币兑换特许业务试点的通知》。		↑

续表

	2010 年		
3 月 8 日	中国人民银行发布《人民币跨境收付信息管理系统管理暂行办法》,加强人民币跨境收付信息管理系统的管理,保障人民币跨境收付信息管理系统安全、稳定、有效运行,规范银行业金融机构的操作和使用。		↑
3 月 24 日	中国人民银行与白俄罗斯国家银行签署《中白双边本币结算协议》。该协议是我国与非接壤国家签订的第一个一般贸易本币结算协议,也是人民币跨境贸易结算试点实施后的区域金融合作的新进展,有利于进一步推动中白两国经济合作,便利双边贸易投资。		↑
6 月 9 日	经国务院批准,中国人民银行与冰岛中央银行签署了金额为 35 亿元人民币的双边本币互换协议,以推动双边贸易和投资,加强双边金融合作。		↑
6 月 19 日	根据国内外经济金融形势和我国国际收支状况,中国人民银行决定进一步推进人民币汇率形成机制改革,增强人民币汇率弹性。改革重在坚持以市场供求为基础,参考一篮子货币进行调节。中国人民银行将继续按照已公布的外汇市场汇率浮动区间,对人民币汇率浮动进行动态管理和调节。	↑	
6 月 22 日	中国人民银行、财政部、商务部、海关总署、国家税务总局、中国银行业监督管理委员会联合下发了《关于扩大跨境贸易人民币结算试点范围有关问题的通知》,扩大跨境贸易人民币结算试点范围,增加国内试点地区,不再限制境外地域,试点业务范围扩展到货物贸易之外的其他经常项目结算,以进一步满足企业对跨境贸易人民币结算的实际需求,发挥跨境贸易人民币结算的积极作用。		↑
7 月 23 日	为推动双边贸易和直接投资,中国人民银行和新加坡金融管理局签署了规模为 1500 亿元人民币/约 300 亿新加坡元的双边本币互换协议。		↑
8 月 16 日	中国人民银行发布《关于境外人民币清算行等三类机构运用人民币投资银行间债券市场试点有关事宜的通知》,允许境外中央银行或货币当局、港澳人民币业务清算行和跨境贸易人民币结算境外参加银行使用依法获得的人民币资金投资银行间债券市场。		↑
9 月 2 日	中国人民银行发布《境外机构人民币银行结算账户管理办法》,明确境外机构可申请在银行开立人民币银行结算账户,用于依法开展的各项跨境人民币业务,该办法自 2010 年 10 月 1 日起实施。	↑	
11 月 9 日	为防范跨境资本流动带来的金融风险,国家外汇管理局发布《关于加强外汇业务管理有关问题的通知》。	↑	
11 月 22 日	为促进中国与俄罗斯之间的双边贸易,便利跨境贸易人民币结算业务的开展,满足经济主体降低汇兑成本的需要,经中国人民银行授权,中国外汇交易中心在银行间外汇市场开办人民币对俄罗斯卢布交易。12 月 15 日,俄罗斯莫斯科货币交易所正式挂牌人民币对俄罗斯卢布交易。		↑

续表

	2011 年		
1 月 6 日	经商国家发展和改革委员会、商务部，中国人民银行会同国家外汇管理局制定发布了《境外直接投资人民币结算试点管理办法》，跨境贸易人民币结算试点地区的银行和企业可开展境外直接投资人民币结算试点。		↑
2 月 14 日	为进一步丰富外汇市场交易品种，为企业和银行提供更多的汇率避险保值工具，国家外汇管理局发布《关于人民币对外汇期权交易有关问题的通知》，批准中国外汇交易中心在银行间外汇市场组织开展人民币对外汇期权交易。	↑	
3 月 18 日	为合理引导跨境资金流动，防范违法违规资金流入，维护国家涉外经济金融安全，国家外汇管理局发布《关于进一步加强外汇业务管理有关问题的通知》。	↑	
4 月 18 日	中国人民银行与新西兰储备银行在北京签署金额为 250 亿元人民币的双边本币互换协议，旨在加强双边金融合作，促进两国贸易和投资。		↑
4 月 19 日	中国人民银行与乌兹别克斯坦共和国中央银行在北京签署金额为 7 亿元人民币的双边本币互换协议，旨在加强双边金融合作，促进两国贸易和投资。		↑
5 月 6 日	中国人民银行与蒙古国中央银行在乌兰巴托签署金额为 50 亿元人民币的双边本币互换协议，旨在促进双边贸易发展和为金融体系提供短期流动性。		↑
6 月 13 日	中国人民银行与哈萨克斯坦共和国国家银行在阿斯塔纳签署金额为 70 亿元人民币的双边本币互换协议，旨在加强双边金融合作，便利两国贸易和投资。		↑
6 月 23 日	中国人民银行与俄罗斯联邦中央银行在俄罗斯签订新的双边本币结算协定。协定签订后，中俄本币结算从边境贸易扩大到一般贸易，并扩大地域范围。协定规定两国经济活动主体可自行决定用自由兑换货币、人民币和卢布进行商品和服务的结算与支付。协定将进一步加深中俄两国的金融合作，促进双边贸易和投资增长。		↑
8 月 22 日	中国人民银行会同五部委发布《关于扩大跨境贸易人民币结算地区的通知》，将跨境贸易人民币结算境内地域范围扩大至全国。		↑
9 月 14 日	为便利俄罗斯莫斯科银行间货币交易所人民币对卢布交易的开展，中国人民银行发布《关于俄罗斯莫斯科银行间货币交易所人民币对卢布交易人民币清算有关问题的通知》，允许在莫斯科银行间货币交易所开展人民币对卢布交易的俄罗斯商业银行在中国境内商业银行开立人民币特殊账户，专门用于人民币对卢布交易产生的人民币资金清算。		↑

7 总　结

导读：本章是对全书内容的总结，我国人民币汇率政策管理研究需考虑全球风险事件频发及人民币汇率市场化逐步推进等特征中，如何进行币值调整管理、波动管理和与货币政策的协调搭配。最后还就未来我国人民币汇率管理的新趋势与可进一步拓展的研究进行了展望。

7.1 推进人民币形成机制改革的时机选择

我国汇率市场化的改革步伐调整应相机抉择，在国际风险事件频发时期，适时选择钉住美元汇率政策也是可取的。近十年内，美国的次贷危机和欧洲的主权债务危机接连爆发及新兴市场国家经济低迷，使得汇率市场陷入风险敏感的状态中。由于国际市场需求下降，我国经济的良好发展态势也受到了重创，出口和资产价格均大幅下滑。由于美元在国际货币体系中扮演了避风港的角色，在国际风险事件突发后，出现升值趋势，成为国际流动资本天然的避风港。在全球风险指数攀高时，跨国资本的风险承受能力降低，出现了从新兴市场国家回流美国，投资者大量抛售离岸人民币。并且这种贬值趋势伴随着美元强势的升值而逐渐增强。

人民币相对于美元基于利率平价的溢价反映了国际资本在美元避险资产和人民币资产之间选择倾向，与国际资本流动的动向密切相关。其波动程度的高低直接影响到宏观经济稳定，采用 Hamiltion 和 Susmel 提出基于马尔科夫状态转换的 ARCH 模型对 2002 年 1 月至 2010 年 10 月期间偏离 UIP 假说的人民币汇率风险溢价波动行为进行了状态划分：美国次贷危机和欧洲债务危机对全球金融市场产生重大冲击的阶段是 2007 年 9 月至 2008 年 8 月和 2010 年 7

月至 10 月两个时期,在这两个时期,偏离 UIP 假说的汇率风险溢价处于高波动状态,其余时间段处于低波动状态。相应地,宏观变量在这两种状态下也存在差异性:货币性因素包括汇率、利率、物价水平及其波动性都显著增加;但非货币因素如生产和消费的波动性在两种状态下并不存在显著性差异。当人民币汇率的风险溢价大于零时,本币投资具有更高的收益率,会吸引更多的资金进入本国。国际投资对投资预期的不确定性增加时,风险溢价进入高波动状态。资产持有者会要求更高的风险补偿,适时重启钉住美元的汇率稳定政策能够降低人民币汇率风险溢价的波动性,削弱国际投资者对人民币资产投资的不确定性预期,防止资本大量流出,维持经济和金融市场的稳定性。但此时人民币汇率的币值管理,不能取决于国际压力,而应根据我国宏观调控的总体目标和自身利益相机抉择。

选择汇率水平调整的时机,需适时参照人民币汇率的预期及其变动方向。稳定人民币汇率预期不仅需要从长期角度观察宏观经济变量对均衡汇率水平形成的影响;在短期,为了维护金融市场及资本市场的稳定,还需要及时观察国内外经济环境中的风险因素与风险溢价水平的波动,适时选择在外汇市场上通过干预手段来将汇率水平维持在稳定可控的范围内。

重视汇率预期中拐点出现的时机,汇率水平预期趋势转变与世界经济整体运行的风险、美元指数表现以及人民币汇率风险溢价等因素有着密切的关系。特别是在离岸市场,国际资金人民币由升值预期向贬值预期转变时,引发的市场广泛关注会影响到在岸市场人民币的币值预期。这时,我国央行在国内市场应当及时放松为缓解人民币升值压力而采取的冲销干预,并且为防止贬值预期造成的资本外逃,及时选择进行反向操作,以维持人民币币值的稳定。

由于汇率预期形成的过程对汇率政策的调整存在的"学习效应",当央行采用相同的干预策略对人民币汇率水平进行干预时,通过适应性预期渠道,政策调整将会被加入到汇率预期形成中。所以对汇率水平的控制是根据这些经济状态的变化而做出被动性调整,即反映国内外经济状态变化也会包含了之前相关的政策调整信息。一旦学习效应有所增强,离岸市场的预期转向趋势得以稳定控制,央行在外汇市场上的干预程度应当及时减弱。特别是在我国汇率市场化改革逐渐推行的过程中,将国内外经济状态变化对改革推进的时机选择影响这一渠道纳入到汇率预期形成的机制中,具有重要的实践意义。

在资本项目逐步开放过程中,汇率稳定与货币政策独立性之间只能二选其一。在汇率的波动管理,或者说是市场化推进的过程中,做到与协调搭配货币政策和能够使得我国的宏观政策走出蒙代尔-弗莱明的"不可能三角"的选择约束。

从时机的动态选择来看,这就涉及如何汇率市场化,扩大波动空间的问题。将货币市场风险溢价与实体经济(股市)风险溢价加入到对最优利率政策选择中,可以更加精准地确定货币政策调整时机以及为如何与汇率政策协调搭配提供理论依据,拓宽货币政策有效性研究的理论视野。通过探讨货币与资产市场风险收益波动的互动关系,并将其纳入开放经济模型中,对央行损失函数进行优化求解,发现最优利率水平需要对通货膨胀、产出缺口、外汇市场的风险溢价和汇率波动做出反应。央行在制定利率政策时,如果考虑汇率风险溢价,这会为最优利率水平赋予了一个向下调整的驱动力。根据经济未来预期情况对汇率政策与货币政策进行相机抉择,提高我国货币政策实施的有效性。

在经济形势预期良好时,维持币值稳定以使得货币市场存在较高的汇率风险溢价,能够吸引国际资本流入有效降低实体经济投资的风险溢价水平带动经济复苏,放缓汇率市场化形成机制有助于维护国际资本流入我国的信心。而在经济形势预期悲观时,收紧货币政策对我国经济形成的负面打击较大,这时应适当控制加息节奏,并推进汇率市场化改革,这是汇率形成机制市场程度增强的恰当时机。但也要适当对汇率水平加以调整以防止汇率升值预期减弱及可能出现贬值预期而引起的资本大量外逃。

7.2　人民币汇率管理的前景与政策建议

从长期来看,一个更有弹性的汇率形成机制仍然是中国汇率改革进程的长远目标。汇率管理旨在确立汇率波动与稳定的机制,在对人民币汇率市场化推进的过程中,对节奏进行适时的控制的制度安排。在国内与国外经济形势平稳发展,内需与出口稳定,实体经济的投资热情高涨的情况下,国内外风险因素高企情形下的相关策略应考虑及时增强汇率波动弹性。人民币通过渐进式的升值方式接近均衡水平时,建立有管理的浮动汇率还需要利率市场化、资本项目开放、丰富人民币离岸与在岸市场的金融市场工具三个方面的步伐相一致。

利率市场化的改革步伐必须与汇率市场化改革的步伐相适应。若利率市场化的改革推行慢于汇率市场化改革,反映利率平价的机制就无法充分发挥作用,出现较高的偏离利率平价的风险溢价;反之利率变动就会被汇率水平变动所牵制,不能反映真实的货币资金供给与需求状况,为投资资本套利创造了空间。使得我国人民币的离岸市场与内地市场之间的利差增大,制约了人民币离岸市场的健康发展。

资本项目开放使得跨境人民币流动追逐制度性溢价的动力降低。人民币在境内与境外需求受到国内外利率及资产回报率的影响增强,使得人民币从原来单向流入享受升值预期带来的溢价到双向流通渠道的转变。进一步改革人民币汇率形成机制,资本项目放开将短期资本流动以及人民币币值稳定从过去通过行政手段调节到实现汇率的浮动调节。

丰富人民币离岸与在岸市场的金融市场工具,增强人民币资产抵抗跨国资本风险偏好扭转而出现的流动性冲击。在全球风险事件频发期,增强人民币相对于美元资产的吸引力,防止资本大量外逃,需要保证在人民币的离岸和在岸市场上补充多种能够满足不同的风险偏好和流动性需求的金融工具和对冲汇率风险具有套期保值性质的金融产品。在离岸中心发行债券基金等多种与在岸人民币收益相挂钩的金融产品,拓宽人民币资金的回流渠道,鼓励境内商业银行在海外开展业务,打通境内外人民币市场,是人民币汇率市场化改革的必然趋势。

参考文献

[1] Abuaf, N., Jorion, P. Purchasing Power Parity in the long run[J]. Journal of Finance, 1990: 157－174.

[2] Aizenman, J., Lee, J. International reserves: precautionary versus mercantilist views, theory and evidence[J]. Open Economies Review, 2007, 18(2): 191－214.

[3] Aizenman, J., Marion, N. The high demand for international reserves in the Far East: what is going on? [J]. Journal of the Japanese and International Economies, 2003, 17(3): 370－400.

[4] Alexius, A. Uncovered interest parity revisited[J]. Review of International Economics, 2001, 9(3): 505－517.

[5] Alexius, A. Can endogenous monetary policy explain the deviations from UIP? [M]. Department of Economics, Uppsala University, 2002.

[6] Aliber, R. Z. The interest rate parity theorem: a reinterpretation[J]. The Journal of Political Economy, 1973, 81(6): 1451－1459.

[7] Alper, C. E., Ardic, O. P., Fendoglu, S. The economics of the uncovered interest parity condition for emerging markets[J]. Journal of Economic Surveys, 2009, 23(1):115－138.

[8] Alvarez, F., Atkeson, A., Kehoe, P. J. If exchange rates are random walks, then almost everything we say about monetary policy is wrong[J]. The American Economic Review, 2007, 97(2):339－345.

[9] Alvarez, F., Atkeson, A., Kehoe, P. J. Time-varying risk, interest rates, and exchange rates in general equilibrium[J]. Review of Economic Studies, 2009, 76(3):851－878.

[10]Alvarez, F., J., Urban. Quantitative asset pricing implications and the 1997 Korean crisis[J]. Economic Modelling, 2006, 22:459—471.

[11]Anker, P. Uncovered interest parity, monetary policy and time-varying risk premia[J]. Journal of International Money and Finance, 1999, 18(6):835—851.

[12]Arrow K J, Kurz M. Optimal Growth with Irreversible Investment in a Ramsey Model[J]. Econometrica, 1970, 38(2):331—344.

[13]Audretsch, D. B., Stadtmann, G. Biases in FX-forecasts: evidence from panel data[J]. Global Finance Journal, 2005, 16(1):99—111.

[14]Bacchetta P, Wincoop E V. Can Information Heterogeneity Explain the Exchange Rate Determination Puzzle? [J]. American Economic Review, 2006, 96(3):552—576.

[15]Bansal R, Shaliastovich I. A long—run risks explanation of predictability puzzles in bond and currency markets[J]. The Review of Financial Studies, 2012, 26(1): 1—33.

[16]Backus, D. K., Foresi, S., Telmer, C. I. Interpreting the forward premium anomaly[J]. Canadian Journal of Economics, 1995:108—119.

[17]Backus, D. K., Foresi, S., Telmer, C. I. Affine term structure models and the forward premium anomaly[J]. The Journal of Finance, 2001, 56(1):279—304.

[18]Backus, D. K., Gavazzoni, F., Telmer, C., et al. Monetary policy and the Uncovered Interest Parity Puzzle[R]. National Bureau of Economic Research, 2010

[19]Backus, D. K., Gregory, A. W., Telmer, C. I. Accounting for forward rates in markets for foreign currency[J]. Journal of Finance, 1993, 48(5):1887—1908.

[20]Backus, D. K., Smith, G. W. Consumption and real exchange rates in dynamic economies with non-traded goods[J]. Journal of International Economics, 1993, 35(3—4):297—316.

[21]Bae, K. H., Kang, J. K., Kim, J. M. Tunneling or value added? Evidence from mergers by Korean business groups[J]. The Journal of Finance, 2002, 57(6):2695—2740.

[22]Baharumshah, A. Z. , Haw, C. T. , Fountas, S. A panel study on real interest rate parity in East Asian countries: pre-and post-liberalization era [J]. Global Finance Journal, 2005, 16(1):69−85.

[23]Baillie, R. T. , Bollerslev, T. The forward premium anomaly is not as bad as you think[J]. Journal of International Money and Finance, 2000, 19(4):471−488.

[24]Baillie, R. T. , Kiliē, R. Do asymmetric and nonlinear adjustments explain the forward premium anomaly? [J]. Journal of International Money and Finance, 2006, 25(1):22−47.

[25]Baker, M. , Wurgler, J. Investor sentiment and the cross-section of Stock Returns[J]. The Journal of Finance, 2006, 61(4):1645−1680.

[26]Bakshi, G. , Carr, P. , Wu, L. Stochastic risk premiums, stochastic skewness in currency options, and stochastic discount factors in international economies[J]. Journal of Financial Economics, 2008, 87 (1):132−156.

[27]Balassa, B. The purchasing-power parity doctrine: a reappraisal[J]. The Journal of Political Economy, 1964, 72(6):584−596.

[28]Ball, L. Efficient rules for monetary policy[J]. International Finance, 1999, 2(1):63−83.

[29]Bansal, R. An exploration of the forward premium puzzle in currency markets[J]. Review of Financial Studies, 1997, 10(2):369−403.

[30]Bansal, R. , Dahlquist, M. The forward premium puzzle: different tales from developed and emerging economies[J]. Journal of International Economics, 2000, 51(1):115−144.

[31]Bansal R, Shaliastovich I. A long−run risks explanation of predictability puzzles in bond and currency markets[J]. The Review of Financial Studies, 2012, 26(1): 1−33.

[32]Bansal, R. , Yaron, A. Risks for the long run: a potential resolution of asset pricing puzzles[J]. The Journal of Finance, 2004, 59(4):1481−1509.

[33]Bekaert, G. The time variation of risk and return in foreign exchange markets: a general equilibrium perspective [J]. Review of Financial Studies, 1996, 9(2):427−470.

[34]Bekaert, G. , Hodrick, R. J. , Marshall, D. A. On biases in tests of the expecations hypothesis of the term structure of interest rates [R]. National Bureau of Economic Research, 1996.

[35]Benassy-Quere, A. , Larribeau, S. , MacDonald, R. Models of exchange rate expectations: how much heterogeneity? [J]. Journal of International Financial Markets, Institutions and Money, 2003, 13(2):113−136.

[36]Bernanke, B. , Gertler, M. Financial fragility and economic performance [J]. The Quarterly Journal of Economics, 1990, 105(1):87−114.

[37]Bloom, N. The impact of uncertainty shocks[R]. National Bureau of Economic Research, 2007.

[38]Bloom, N. , Floetotto, M. , Jaimovich, N. Really uncertain business cycles[R]. Stanford University, 2009.

[39]Brandt, M. W. , Cochrane, J. H. , Santa-Clara, P. International risk sharing is better than you think, or exchange rates are too smooth[J]. Journal of Monetary Economics, 2006, 53(4):671−698.

[40]Brandt, M. W. , Wang, K. Q. Time-varying risk aversion and unexpected inflation[J]. Journal of Monetary Economics, 2003, 50(7):1457−1498.

[41]Bratsiotis, G. J. , Robinson, W. Currency composition of debt, risk premia and the 1997 Korean crisis[J]. Economic Modelling, 2006, 22(3):459−471.

[42]Brown, S. J. , Goetzmann, W. , Ibbotson, R. G. , et al. Survivorship bias in performance studies[J]. Review of Financial Studies, 1992, 5(4):553−580.

[43]Bu, Y. , Tyers, R. China's equilibrium real exchange rate: a counterfactual analysis[R]. Australian National University, 2001

[44]Calvo, G. A. , Reinhart, C. M. Fear of floating[R]. National Bureau of Economic Research, 2000.

[45]Campbell, J. Intertemporal asset pricing without consumption data[J]. American Economic Review, 1993, 83(3):487−512.

[46]Campbell, J. Y. Asset pricing at the millennium[J]. The Journal of Finance, 2000, 55(4):1515−1567.

[47]Campbell, J. Y. , Cochrane, J. H. By force of habit: a consumption-based

explanation of aggregate stock market behavior[J]. The Journal of Political Economy, 1999, 107(2):205－251.

[48]Canales-Kriljenko, J. I., Guimaraes, R. F., Karacadag, C. Official intervention in the foreign exchange market: elements of best practice[M]. International Monetary Fund, 2003.

[49]Cavaglia, S., Verschoor, W. F. C., Wolff, C. C. P. Further evidence on exchange rate expectations[J]. Journal of International Money and Finance, 1993, 12(1):78－98.

[50]Chaboud, A. P., Wright, J. H. Uncovered interest parity: it works, but not for long[J]. Journal of International Economics, 2005, 66(2):349－362.

[51]Chaney, T., Sraer, D., Thesmar, D. The corporate wealth effect: from real estate shocks to corporate investment[R]. University of Chicago, 2007.

[52]Chari, V. V., Kehoe, P. J., McGrattan, E. R. Can Sticky Price Models Generate Volatile and Persistent RealExchange Rates? [J]. Review of Economic Studies, 2002, 69(3):533－563.

[53]Cheung, Y. W., Chinn, M. D. Currency traders and exchange rate dynamics: a survey of the US market[J]. Journal of International Money and Finance, 2001, 20(4):439－471.

[54]Cheung, Y. W., Chinn, M. D., Pascual, A. G. Empirical exchange rate models of the nineties: are any fit to survive? [J]. Journal of International Money and Finance, 2005, 24(7):1150－1175.

[55]Chinn, M. D. The (partial) rehabilitation of interest rate parity in the floating rate era: longer horizons, alternative expectations, and emerging markets[J]. Journal of International Money and Finance, 2006, 25(1):7－21.

[56]Chinn, M. D., Meredith, G. Monetary policy and long-horizon uncovered interest parity[J]. IMF Staff Papers, 2004:409－430.

[57]Chinn, M. D., Meredith, G. Testing uncovered interest parity at short and long horizons during the post-Bretton Woods era[R]. National Bureau of Economic Research, 2005.

[58]Choi, K., Zivot, E. Long memory and structural changes in the forward

discount: An empirical investigation[J]. Journal of International Money and Finance, 2007, 26(3):342−363.

[59] Christensen, M. Uncovered interest parity and policy behavior: new evidence[J]. Economics Letters, 2000, 69(1):81−87.

[60] Christensen, M. Uncovered interest parity and policy behavior: new evidence[J]. Economics Letters, 2000, 69(1):81−87.

[61] Clark, P. B., MacDonald, R. Exchange rates and economic fundamentals: a methodological comparison of BEERs and FEERs[M]. International Monetary Fund, 1998.

[62] Clouse, J., Henderson, D., Orphanides, A., et al. Monetary policy when the nominal short-term interest rate is zero[M]. Divisions of Research & Statistics and Monetary Affairs, Federal Reserve Board, 2000.

[63] Cochrane, John H. A cross-sectional test of an investment-based asset pricing model[J]. Journal of Political Economy, 1996, 104(3):572−621.

[64] Cochrane, John H. Asset pricing[M]. Princeton University Press, 2001.

[65] Colacito, R. Risks for the long run: an explanation of international finance puzzles[D]. New York University, 2006.

[66] Colacito, R. Six anomalies looking for a model. A consumption based explanation of international finance puzzles[J]. Manuscript, University of North Carolina, Chapel Hill, 2008.

[67] Colacito, R., Croce, M. M. Risks for the long run and the real exchange rate[J]. Journal of Political Economy, 2011, 119(1):153.

[68] Cooper, I., Priestley, R. Time-varying risk premiums and the output gap[J]. Review of Financial Studies, 2009, 22(7):2801−2833.

[69] Coudert, V., Couharde, C. Real equilibrium exchange rate in China is the renminbi undervalued? [J]. Journal of Asian Economics, 2007, 18 (4):568−594.

[70] Cristadoro R, Gerali A, Neri S, et al. The dynamics of the real exchange rate: a Bayesian DSGE approach[C]//Seventh Workshop of the EABCN on 'Estimation and Empirical Validation of Structural Models for Business Cycle Analysis', Zurich. 2006: 29−30.

[71]Danthine, J. P. , Donaldson, J. B. Non-falsified expectations and general equilibrium asset pricing: the power of the peso[J]. The Economic Journal, 1999, 109(458):607—635.

[72]De Paoli, B. , Sondergaard, J. Foreign exchange rate risk in a small open economy[M]. Bank of England, 2009.

[73]Devarajan, S. Estimates of real exchange rate misalignment with a simple general-equilibrium [J]. Concepts and Measurements for Developing Countries, 1999:359—380.

[74]Devereux, M. B. , Engel, C. Exchange rate pass-through, exchange rate volatility, and exchange rate disconnect [J]. Journal of Monetary Economics, 2002, 49(5):913—940.

[75]Dominguez, K. M. , Frankel, J. A. Does foreign exchange intervention work? [M]. Peterson Institute, 1993.

[76] Domowitz, I. , Glen, J. , Madhavan, A. Country and currency risk premia in an emerging market[J]. Journal of Financial and Quantitative Analysis, 1998, 33(02):189—216.

[77]Dooley, M. P. , Isard, P. Capital controls, political risk, and deviations from interest-rate parity[J]. The Journal of Political Economy, 1980:370—384.

[78]Dornbusch, R. Expectations and exchange rate dynamics[J]. The Journal of Political Economy, 1976:1161—1176.

[79]Dreger, C. , Stadtmann, G. What drives heterogeneity in foreign exchange rate expectations: deep insights from a new survey[M]. Deutsches Institut für Wirtschaftsforschung, 2006.

[80]Edison, H. J. , Pauls, B. D. A re-assessment of the relationship between real exchange rates and real interest rates: 1974—1990[J]. Journal of Monetary Economics, 1993, 31(2):165—187.

[81]Eichenbaum, M. , Evans, C. L. Some empirical evidence on the effects of shocks to monetary policy on exchange rates[J]. The Quarterly Journal of Economics, 1995, 110(4):975—1009.

[82]Engel, C. The forward discount anomaly and the risk premium: a survey of recent evidence[J]. Journal of Empirical Finance, 1996, 3(2):123—192.

[83]Engel, C. , West, K. D. Exchange rates and fundamentals[R]. National

Bureau of Economic Research, 2004.

[84]Engle, R. F. , Granger, C. W. J. Co-integration and error correction: representation, estimation, and testing[J]. Econometrica: journal of the Econometric Society, 1987, 55(2):251—276.

[85]Evans, M. D. D. , Lyons, R. K. How is macro news transmitted to exchange rates? [J]. Journal of Financial Economics, 2008, 88(1):26—50.

[86]Fama, E. F. Forward and spot exchange rates[J]. Journal of Monetary Economics, 1984, 14(3):319—338.

[87]Fama, E. F. , French, K. R. Common risk factors in the returns on stocks and bonds[J]. Journal of Financial Economics, 1993, 33(1):3 —56.

[88]Farhi, E. , Gabaix, X. Rare disasters and exchange rates[R]. National Bureau of Economic Research, 2008.

[89]Faust, J. , Rogers, J. H. , H Wright, J. Exchange rate forecasting: the errors we've really made[J]. Journal of International Economics, 2003, 60(1):35—59.

[90]Fleming, J. M. Domestic financial policies under fixed and under floating exchange rates[R]. 1962,369—388.

[91] Francis, B. B. , Hasan, I. , Hunter, D. M. Emerging market liberalization and the impact on uncovered interest rate parity[J]. Journal of International Money and Finance, 2002, 21(6):931—956.

[92]Frankel, JA, Okongwu, C. Liberalized portfolio capital inflows in emerging markets: sterilization, expectations, and the incompleteness of interest rate convergence [J]. International Journal of Finance and Economics, 1996, 1(1).

[93]Frankel, J. A. , Wei, S. J. Currency mysteries: the RMB[R]. IMF, may. 2006.

[94]Frankel, J. A. , Froot, K. A. Using survey data to test some standard propositions regarding exchange rate expectations[R]. National Bureau of Economic Research Cambridge, Mass. , USA, 1987.

[95]Frankel, J. A. , Froot, K. A. Chartists, fundamentalists, and trading in the foreign exchange market[J]. The American Economic Review, 1990,

80(2):181—185.

[96]Fratzscher, M. What explains global exchange rate movements during the financial crisis? [J]. Journal of International Money and Finance, 2009, 28(8):1390—1407.

[97]Froot, K. A., Thaler, R. H. Anomalies: foreign exchange[J]. The Journal of Economic Perspectives, 1990, 4(3):179—192.

[98]Gallmeyer, M. F., Hollifield, B., Palomino, F., et al. Arbitrage-free bond pricing with dynamic macroeconomic models[R]. National Bureau of Economic Research, 2007.

[99]Gertler, M., Gilchrist, S., Natalucci, F. M. External constraints on monetary policy and the financial accelerator[J]. Journal of Money, Credit and Banking, 2007, 39(2-3):295—330.

[100]Girton L, Roper D. A monetary model of exchange market pressure applied to the postwar Canadian experience[J]. The American Economic Review, 1977: 537—548.

[101]Goh, S. K., Lim, G. C., Olekalns, N. Deviations from uncovered interest parity in Malaysia[J]. Applied Financial Economics, 2006, 16 (10):745—759.

[102]Gordon, M. J. The investment, financing, and valuation of the corporation[M]. Greenwood Press, 1982.

[103]Goyal, R., McKinnon, R. Japan's negative risk premium in interest rates: the liquidity trap and the fall in bank lending[J]. The World Economy, 2003, 26(3):339—363.

[104]Grilli, V., Roubini, N. Liquidity models in open economies: theory and empirical evidence[J]. European Economic Review, 1996, 40(3):847—859.

[105] Halpern L, Wyplosz C. Equilibrium exchange rates in transition economies[J]. Staff Papers, 1997, 44(4): 430—461.

[106]Hamilton, J., Chauvet, M. Dating business cycle turning points[C]// Milas, C., Rothman, P., Dijk, D. V. Nonlinear Time Series Analysis of Business Cycles. North Holland: Elsevier, 2006.

[107]Hamilton, J. D. A new approach to the economic analysis of nonstationary time series and the business cycle[J]. Econometrica: Journal of the

Econometric Society, 1989, 57(2):357—384.

[108]Hamilton, J. D. Estimation, inference and forecasting of time series subject to changes in regime[C]M. //Handbook of statistics. 1993:231—260.

[109]Hamilton, J. D. Time series analysis [M]. Cambridge Univ Press, 1994.

[110]Hamilton, J. D. Specification testing in Markov-switching time-series models[J]. Journal of Econometrics, 1996, 70(1):127—157.

[111]Hamilton, J. D., Raj, B. New directions in business cycle research and financial analysis[J]. Empirical Economics, 2002, 27(2):149—162.

[112]Hamilton, J. D., Susmel, R. Autoregressive conditional heteroskedasticity and changes in regime[J]. Journal of Econometrics, 1994, 64(1—2):307—333.

[113]Hansen, L. P., Hodrick, R. J. Risk Averse Speculation in the Forward Foreign Exchange Market: An Econometric Analysis of Linear Models. Exchange Rates and International Macroeconomics[C]//J., F. Exchange Rates and International Macroeconomics. Chicago: University of Chicago Press for National Bureau of Economics Research, 1983.

[114]Haque, N. U., Montiel, P. J. Long-run real exchange rate changes in developing countries: simulations from an econometric model[R]. Oxford University Press & World Bank. 1999.

[115]Harding, D., Pagan, A. A comparison of two business cycle dating methods[J]. Journal of Economic Dynamics and Control, 2003, 27(9): 1681—1690.

[116]Hau, H. Exchange rate determination: the role of factor price rigidities and nontradeables[J]. Journal of International Economics, 2000, 50(2): 421—447.

[117] Hoffmann, A., Schnabl, G. A vicious cycle of manias, crises and asymmetric policy responses-an overinvestment view [J]. The World Economy, 2011, 34(3):382—403.

[118]Hollifield, B., Uppal, R. An examination of uncovered interest rate parity in segmented international commodity markets[J]. Journal of Finance, 1997:2145—2170.

[119]Hollifield, B., Yaron, A. The foreign exchange risk premium: real and nominal factors[J]. GSIA Working Papers, 2001,

[120]Holmes, M. J. Principal components, stationarity, and new evidence of purchasing power parity in developing countries[J]. The Developing Economies, 2001, 39(2):189—198.

[121]Holtemöller, O. Uncovered interest rate parity and analysis of monetary convergence of potential EMU accession countries[J]. International Economics and Economic Policy, 2005, 2(1):33—63.

[122]Huang, Y. China's great ascendancy and structural risks: consequences of asymmetric market liberalisation[J]. Asian-Pacific Economic Literature, 2010, 24(1):65—85.

[123]Jones, C., Kulish, M. Long-term interest rates, risk premia and unconventional monetary policy[M]. Economic Research Department, Reserve Bank of Australia, 2011.

[124]Jones, C. I. The global financial crisis of 2007 - 20?? [R]. Graduate School of Business, Stanford University,2009.

[125]Jorion, P., Goetzmann, W. N. Re-emerging markets[J]. Journal of Financial and Quantitative Analysis, 1999, 34(1):1—32.

[126]Kawai, M., Takagi, S. Proposed strategy for a redional exchange rate arrangment in post-Crises east asia[M]. World Bank Publications, 2000.

[127]Keynes, J. M. Tract on monetary reform[M]. London: Macmillan,1924.

[128]Kim, D. H., Osborn, D. R., Sensier, M. Nonlinearity in the Fed's monetary policy rule[J]. Journal of applied econometrics, 2005, 20(5): 621—639.

[129]Klaassen, F., Jager, H. Definition-consistent measurement of exchange market pressure[J]. Journal of international Money and Finance, 2011, 30(1):74—95.

[130]Kontonikas, A., Montagnoli, A. Optimal monetary policy and asset price misalignments[J]. Scottish Journal of Political Economy, 2006, 53 (5):636—654.

[131]Krugman, P. R., Obstfeld, M. International economics: theory and policy[M]. Addison-Wesley (Reading Mass.), 2000.

[132]Krugman, P. R., Obstfeld, M. International economics: theory and policy[M]. Addison-Wesley, 2009.

[133]Kumah, F. Y. A markov-switching approach to measuring exchange market pressure[M]. International Monetary Fund, 2007.

[134]Lamoureux, C. G., Lastrapes, W. D. Persistence in variance, structural change, and the GARCH model[J]. Journal of Business & Economic Statistics, 1990:225—234.

[135]Lee, J., Chinn, M. D. Current account and real exchange rate dynamics in the G7 countries[J]. Journal of International Money and Finance, 2006, 25(2):257—274.

[136]Levy-Yeyati, E., Sturzenegger, F. To float or to fix: evidence on the impact of exchange rate regimes on growth[J]. American Economic Review, 2003:1173—1193.

[137]Lewis, K. K. Puzzles in international financial markets[J]. Handbook of international economics, 1995, 3:1913—1971.

[138]Liu, W., Maynard, A. Testing forward rate unbiasedness allowing for persistent regressors[J]. Journal of Empirical Finance, 2005, 12(5):613—628.

[139]Lucas, R. E. Interest rates and currency prices in a two-country world [J]. Journal of Monetary Economics, 1982, 10(3):335—359.

[140]Lui, Y. H., Mole, D. The use of fundamental and technical analyses by foreign exchange dealers: Hong Kong evidence [J]. Journal of International Money and Finance, 1998, 17(3):535—545.

[141]Lustig, H., Roussanov, N., Verdelhan, A. Countercyclical currency risk premia[R]. National Bureau of Economic Research, 2010.

[142]Lustig, H., Roussanov, N. N., Verdelhan, A. Common risk factors in currency markets[R]. National Bureau of Economic Research, 2009.

[142]Lustig, H., Van Nieuwerburgh, S. Quantitative asset pricing implications of housing collateral constraints[J]. Manuscript, University of California, Los Angeles, 2005.

[143]Lustig, H., Verdelhan, A. The cross section of foreign currency risk premia and consumption growth risk[J]. American Economic Review, 2007, 97 (1):89—117.

[144] Mansori, K. Following in their footsteps: comparing interest parity conditions in central european economies to the euro countries [R]. CISinfo Grap Munich 2003.

[145] Manzan, S., Westerhoff, F. H. Heterogeneous expectations, exchange rate dynamics and predictability [J]. Journal of Economic Behavior & Organization, 2007, 64(1):111−128.

[146] Marey, P. S. Exchange rate expectations: controlled experiments with artificial traders[J]. Journal of International Money and Finance, 2004, 23(2):283−304.

[147] Mark, N., Moh, Y. K. Official interventions and occasional violations of uncovered interest party in the Dollar-DM market[R]. National Bureau of Economic Research, 2003.

[148] Markowitz, H. Portfolio selection[J]. The Journal of Finance, 1952, 7 (1):77−91.

[149] Marston, R. C. Real exchange rates and productivity growth in the United States and Japan [R]. National Bureau of Economic Research Cambridge, Mass., USA, 1989.

[150] Matsumoto, A. Global liquidity: availability of funds for safe and risky assets[M]. International Monetary Fund, 2011.

[151] Maynard, A., Phillips, P. C. B. Rethinking an old empirical puzzle: econometric evidence on the forward discount anomaly[J]. Journal of applied econometrics, 2001, 16(6):671−708.

[152] McCallum, B. T. A reconsideration of the uncovered interest parity relationship[J]. Journal of Monetary Economics, 1994, 33(1):105−132.

[153] McKinnon, R., Schnabl, G. China and its dollar exchange rate: a worldwide stabilising influence? [J]. The World Economy, 2011.

[154] McNown, R., S Wallace, M. National price levels, purchasing power parity, and cointegration: a test of four high inflation economies[J]. Journal of International Money and Finance, 1989, 8(4):533−545.

[155] Meese, R. A., Rogoff, K. Empirical exchange rate models of the seventies: do they fit out of sample? [J]. Journal of International Economics, 1983, 14(1):3−24.

[156] Merton R C. An intertemporal capital asset pricing model [J]. Econometrica: Journal of the Econometric Society, 1973: 867—887.

[157] Misirli, E. U., Alper, C. E. Drivers of expected returns in Istanbul stock exchange: Fama - French factors and coskewness [J]. Applied Economics, 2009, 41(20):2619—2633.

[158] Mundell, R. A. Capital mobility and stabilization policy under fixed and flexible exchange rates [J]. The Canadian Journal of Economics and Political Science/Revue canadienne d'Economique et de Science politique, 1963, 29(4):475—485.

[159] Mussa, M. A model of exchange rate dynamics [J]. The Journal of Political Economy, 1982:74—104.

[160] Neumeyer, P. A., Perri, F. Business cycles in emerging economies: the role of interest rates [J]. Journal of Monetary Economics, 2005, 52(2): 345—380.

[161] Obstfeld, M., Rogoff, K. S. Foundations of international macroeconomics [M]. MIT press Cambridge, MA, 1996.

[162] Ogawa, E., Sakane, M. Chinese Yuan after Chinese exchange rate system reform [J]. China & World Economy, 2006, 14(6):39—57.

[163] Pagan, A. R., Schwert, G. W. Alternative models for conditional stock volatility [J]. Journal of Econometrics, 1990, 45(1—2):267—290.

[164] Payne, R. Informed trade in spot foreign exchange markets: an empirical investigation [J]. Journal of International Economics, 2003, 61 (2):307—329.

[165] Poghosyan, T., Kočenda, E., Zemčik, P. Modeling foreign exchange risk premium in Armenia [J]. Emerging Markets Finance and Trade, 2008, 44(1):41—61.

[166] Poirson, H. How do countries choose their exchange rate regime? [R]. International Monetary Fund, 2001.

[167] Pratt J W. Risk Aversion in the Small and in the Large [J]. Econometrica, 1964, 32(1—2).

[168] Rajan, R. G. Has finance made the world riskier? [J]. European Financial Management, 2006, 12(4):499—533.

[169]Reedman, JN. The Theory of Forward Exchange[J]. South African Journal of Economics, 1938, 6(1):86—88.

[170]Reinhart, C. M. The mirage of floating exchange rates [J]. The American Economic Review, 2000, 90(2):65—70.

[171]Rietz, T. A. The equity risk premium a solution[J]. Journal of Monetary Economics, 1988, 22(1):117—131.

[172]Rogoff, K. The purchasing power parity puzzle[J]. Journal of Economic literature, 1996, 34(2):647—668.

[173]ROJAS-SUAREZ, L. , Sotelo, S. The burden of debt: an exploration of interest rate behavior in Latin America[J]. Contemporary Economic Policy, 2007, 25(3):387—414.

[174]Rudebusch, G. D. , Swanson, E. T. The bond premium in a DSGE model with long-run real and nominal risks[M]. National Bank of Belgium, 2008.

[175]Sager M J, Taylor M P. The impact of European Central Bank Governing Council announcements on the foreign exchange market: a microstructural analysis[J]. Journal of International Money & Finance, 2004, 23(7):1043—1051.

[176]Sarno, L. , Taylor, M. P. The economics of exchange rates[M]. Cambridge University Press, 2002.

[177]Sarno, L. , Valente, G. , Leon, H. Nonlinearity in deviations from uncovered interest parity: an explanation of the forward bias puzzle[J]. Review of Finance, 2006, 10(3):443—482.

[178]Schmukler, S. L. , Servén, L. Pricing currency risk under currency boards [J]. Journal of Development Economics, 2002, 69(2):367—391.

[179]Scholl, A. , Uhlig, H. New evidence on the puzzles: results from agnostic identification on monetary policy and exchange rates[J]. Journal of International Economics, 2008, 76(1):1—13.

[180]Sims, C. A. Money, income, and causality[J]. The American Economic Review, 1972, 62(4):540—552.

[181]Stein, J. The fundamental determinants of the real exchange rate of the US dollar relative to other G-7 currencies[R]. IMF,1995.

[182]Stein, J. L. The forward rate and the interest parity[J]. The Review of Economic Studies, 1965, 32(2):113−126.

[183]Stockman, A. C., Tesar, L. L. Tastes and technology in a two-country model of the business cycle: explaining international comovements [J]. American Economic Review, 1995, 85(1):168−185.

[184]Tai, Chu-Sheng. Can currency risk be a source of risk premium in explaining forward premium puzzle: Evidence from Asia-Pacific forward exchange markets [J]. Journal of International Financial Markets, Institutions and Money, 2003, 13(4):291−311.

[185]Takizawa, H., Lee, J., Hauner, D. In which exchange rate models do forecasters trust? [R]. 2011.

[186]Taylor M P. Exchange rate behavior under alternative exchange rate regimes[M]. Understanding Interdependence: The Macroeconomics of the Open Economy. Princeton University Press, Princeton, 1994.

[187]Taylor, M. P., Allen, H. The use of technical analysis in the foreign exchange market[J]. Journal of International Money and Finance, 1992, 11(3):304−314.

[188]Tobin, J. Liquidity preference as behavior towards risk[J]. The Review of Economic Studies, 1958, 25(2):65−86.

[189]Verdelhan, A. A habit-Based explanation of the exchange rate risk premium[J]. The Journal of Finance, 2010, 65(1):123−146.

[190]Villanueva, O. M. FX Dynamics, limited participation, and the forward bias anomaly[J]. Financial Review, 2005, 40(1):67−93.

[191]Werner, A. M. Mexico's currency risk premia in 1992-94-A Closer look at the Interest rate differentials[R]. IMF,1996.

[192]Weymark D N. Estimating exchange market pressure and the degree of exchange market intervention for Canada[J]. Journal of International Economics, 1995, 39(3): 273−295.

[193]Weymark, D. N. Measuring the degree of exchange market intervention in a small open economy[J]. Journal of international Money and Finance, 1997, 16(1):55−79.

[194]Williamson, J. Estimating equilibrium exchange rates[M]. Peterson

Institute，1994.

[195]Wu，J. L. ，Chen，S. L. A re-examination of real interest rate parity[J]. Canadian Journal of Economics，1998，31(4)：837—851.

[196]白雪飞.新兴市场经济体的汇率制度选择、金融市场开放与宏观经济绩效[D].天津：南开大学，2010.

[197]卜永祥.中国外汇市场压力和官方干预的测度[J].金融研究,2009(1)：28—41.

[198]陈蓉，郑振龙.结构突变、推定预期与风险溢酬：美元/人民币远期汇率定价偏差的信息含量[J].世界经济，2009(6)：64—76.

[199]陈学彬.近期人民币实际汇率变动态势分析——兼谈分析实际汇率应注意的问题[J].经济研究,1999(1)：22—28.

[200]陈音峰,王东明.中国外汇市场冲销干预的有效性研究[J].现代管理科学，2013(2)：82—84.

[201]陈云，陈浪南，林伟斌.人民币内向均衡实际汇率与错位测算：1997—2007[J].统计研究，2009,26(3)：8—16.

[202]陈志昂,方霞.人民币购买力平价和实际汇率分析——兼评巴拉萨-萨缪尔森假说[J].浙江社会科学，2004(1)：96—100.

[203]刁锋.中国外汇市场干预资产组合渠道有效性实证检验[J].南开经济研究，2002,(3)：31—35.

[204]范爱军,韩青.购买力平价理论对人民币汇率升值的适用性分析[J].经济评论，2008(1)：145—148.

[205]范金，郑庆武，王艳等.完善人民币汇率形成机制对中国宏观经济影响的情景分析——一般均衡分析[J].管理世界，2004(7)：29—42.

[206]范立夫.我国利率政策与汇率政策协调问题研究——基于资产加权收益率平价模型的分析[J].财贸经济，2011(7)：48—54.

[207]弗兰克·H.奈特.风险、不确定性与利润[M].安佳译.北京：商务印书馆,2006.

[208]谷宇,高铁梅,付学文.国际资本流动背景下人民币汇率的均衡水平及短期波动[J].金融研究，2008 (5)：1—13.

[209]桂咏评.中国外汇干预有效性的协整分析：资产组合平衡渠道[J].世界经济，2008,31(1)：13—22.

[210]郭树华，王旭,吴松谦.人民币"汇改",汇率风险与利率关系实证研究[J].经济问题探索,2010(3)：182—186.

[211]何慧刚.中国利率-汇率联动协调机制:"利率平价模型"视角[J].求索,
2007(4):8—11.

[212]何新华,吴海英,刘仕国.人民币汇率调整对中国宏观经济的影响[J].世
界经济,2003(11):13—20.

[213]胡春田,陈智君.人民币是否升值过度?——来自基本均衡汇率(1994~
2008)的证据[J].国际金融研究,2009(11):55—65.

[214]江春,刘春华.利率平价理论的分析与探讨[J].经济管理,2007(20):18—23.

[215]姜波克.国际金融理论的发展趋势及理论前沿[J].金融研究,2002(9):7—17.

[216]金雪军,陈雪.人民币汇率风险溢价波动的状态转换研究[J].浙江大学学
报(人文社会科学版),2011,41(5):188—199.

[217]金雪军,王义中.人民币汇率升值的路径选择[J].金融研究,2006(11):70—82.

[218]金永军,陈柳钦.人民币汇率制度改革评述[J].国际金融研究,2006(1):
73—79.

[219]金中夏.论中国实际汇率管理改革[J].经济研究,1995(3):63—71.

[220]郎国鹏,汪卫芳,柴武斌.市盈率影响因素的理论模型[J].统计与决策,
2006(4):28—30.

[221]李凯,陈平.汇率机制改革后人民币汇率的动态变化[J].统计研究,2011,
28(2):27—33.

[222]李继峰,张亚雄,潘文卿.人民币升值的宏观经济影响测算分析[J].经济
学动态,2010(5):47—51.

[223]李伟杰.利率——汇率联动:理论综述与实证检验[J].中国房地产金融,
2009(4):16—21.

[224]李小平,冯芸,吴冲锋.基于宏观因素的远期汇率风险溢价期限结构[J].
管理工程学报,2010,24(2):139—145.

[225]李鑫,朱龙飞,邓淇中.人民币实际有效汇率的短期偏离[J].中南大学学
报(社会科学版),2010,16(3):84—90.

[226]李扬,余维彬.人民币汇率制度改革:回归有管理的浮动[J].经济研究,
2005(8):24—31.

[227]刘林,倪玉娟.短期国际资本流动、汇率与资产价格——基于汇改后数据
的实证研究[J].财贸经济,2010(5):5—13.

[228]刘柏,张艾莲.完善人民币汇率形成机制的制度选择[J].经济纵横,2013
(8):19.

[229]刘程,佟家栋.新兴市场的汇率制度选择、金融约束与经济增长[J].南开经济研究,2010(5):3—17.

[230]刘金全,云航,郑挺国.人民币汇率购买力平价假说的计量检验——基于Markov区制转移的Engel—Granger协整分析[J].管理世界,2006(3):57—62.

[231]刘晓辉,张璟.人民币外汇市场压力与中央银行外汇市场干预:经验估计与比较分析[C].中国金融学年会,2008.

[232]刘阳.人民币均衡汇率及汇率动态[J].经济科学,2004(1):83—92.

[233]卢锋,韩晓亚.长期经济成长与实际汇率演变[J].经济研究,2006(7):4—14.

[234]卢锋,刘鎏.我国两部门劳动生产率增长及国际比较(1978—2005)——巴拉萨-萨缪尔森效应与人民币实际汇率关系的重新考察[J].经济学,2007,6(2):357—380.

[235]卢佳,王义中,金雪军.流动性过剩,贸易信贷与持续贸易顺差——基于中国货币政策影响贸易收支渠道的经验研究[J].财经研究,2008,34(9):58—70.

[236]吕莫启,苏英姜,姚志勇.国际金融教程[M].北京:北京大学出版社,1999.

[237]牟新焱.人民币汇改背景下的货币篮子结构变化分析——基于变参数状态空间模型的研究[J].新金融,2012(2):33—37.

[238]平新乔.微观经济学十八讲[M].北京大学出版社,2001.

[239]中国人民银行营业管理部课题组.完善人民币汇率机制改革[J].中国金融,2012(10):84—85.

[240]施建淮.人民币升值是紧缩性的吗[J].经济研究,2007(1):41—55.

[241]施建淮,余海丰.人民币均衡汇率与汇率失调:1991—2004[J].经济研究,2005(4):34—45.

[242]孙茂辉.人民币自然均衡实际汇率:1978—2004[J].经济研究,2007,41(11):92—101.

[243]谭秋梅,陈平.中国汇率市场化的时机分析——基于人民币中长期升值趋势的讨论[J].管理世界,2009(8):10—16.

[244]王海军.基于BEER改进模型的人民币均衡汇率与汇率失调研究[J].价格月刊,2010(9):13—17.

[245]王曦,朱洁瑜.汇率制度选择的国际经验与中国应用[J].世界经济,2009(12):48—61.

[246]王霞.汇率制度能影响外汇市场压力和央行干预吗[J].经济与管理，
　　　2013a,27(7):46—50.

[247]王霞.我国中央银行外汇干预有效性的事件分析研究[J].华东经济管理，
　　　2013b, 27(5):77—81.

[248]魏晓琴,古小华.基于资产组合模型的央行外汇干预有效性的实证研究
　　　[J].经济问题,2011(2):99—103.

[249]魏英辉.宏观基本面新闻对人民币/美元汇率的影响研究——基于境内即期汇
　　　率与境外 NDF 汇率的比较分析[J].金融理论与实践,2009(5):30—35.

[250]魏巍贤.人民币升值的宏观经济影响评价[J].经济研究,2006(4):47—57.

[251]夏斌,陈道富.有管理的浮动汇率制度:中国转轨时期的选择[J].国际金
　　　融,2010,25(8):7—11.23—27.

[252]夏斌.转轨期中国汇率制度选择[EB/OL].(2011-01-27)[http://www.
　　　caijing.com.cn/2011-01-27/110629820.html].

[253]熊原维.利率平价理论在中国的适用性分析[J].上海金融,2004(12):14—17.

[254]徐明东,解学成.中国资本管制有效性动态研究:1982—2008[J].财经研
　　　究,2009(6):29—41.

[255]荀玉根.利率平价视角下我国利率与汇率的联动性及政策协调[D].上海:
　　　上海社会科学院,2008.

[256]杨烨,杨胜刚.外汇市场微观结构视角的人民币汇率形成机制研究[D].长
　　　沙:湖南大学,2008.

[257]杨治国,宋小宁.随机开放经济条件下的均衡汇率[J].世界经济,2009
　　　(9):57—67.

[258]易纲,范敏.人民币汇率的决定因素及走势分析[J].经济研究,1997(10):
　　　26—35.

[259]张斌.人民币汇率改革:折衷的方案[J].国际经济评论,2010(1):65—85.

[260]张斌,何帆.如何调整人民币汇率政策:目标、方案和时机[J].国际经济评
　　　论,2005(2):17—22.

[261]张纯威.稳定前提下汇率形成机制改革的实施方式[J].广东金融学院学
　　　报,2004,19(6):43—47.

[262]张纯威.人民币现实均衡汇率的历史轨迹与未来走势——基于一般均衡
　　　框架下多方程结构模型的分析[J].数量经济技术经济研究,2007,24(6):
　　　65—73.

[263]张明,何帆.中国的货币政策与汇率政策均应及时调整[J].国际经济评论,2010(3):92—107.

[264]张萍.利率平价理论及其在中国的表现[J].经济研究,1996(10):34—43.

[265]张曙光.人民币汇率问题:升值及其成本—收益分析[J].经济研究,2005(5):16—19.

[266]张晓朴.人民币均衡汇率的理论与模型[J].经济研究,1999(12):70—77.

[267]张晓朴.人民币均衡汇率研究[M].北京:中国金融出版社,2001.

[268]张占威.人民币汇率决定过程中利率平价的影响[D].苏州:苏州大学,2007.

[269]赵登峰.人民币汇率与中美购买力平价的计量分析[J].财经论丛,2004(5):52—57.

[270]赵华,燕焦枝.汇改后人民币汇率波动的状态转换行为研究[J].国际金融研究,2010(1):60—67.

[271]赵进文,闵捷.央行货币政策操作效果非对称性实证研究[J].经济研究,2005(2):26—34.

[272]郑佳,林斌.人民币均衡汇率失调问题研究——一个改进的简约单方程BEER模型分析[J].金融理论与实践,2008(4):32—35.

[273]郑振龙,邓弋威.外汇风险溢酬与宏观经济波动:基于随机贴现因子的研究框架[J].世界经济,2010(5):51—64.

[274]周虎群,李富有.资产价格波动、人民币汇率升值与短期国际资本流动风险防范——基于随机风险溢价KFG理论模型的修正[J].西北大学学报:哲学社会科学版,2011,41(4):59—63.

[275]周密.汇率远期溢价的期限结构研究[D].上海:上海交通大学,2010.

索　引

后　记

　　博士毕业三年有余，现在终于有机会把博士论文的部分内容拿出来修改出版，是对博士期间研究成果的汇总，也是对未来继续从事学术研究的一个鼓励。书中很多内容凝结了导师、评审专家、答辩老师们以及在论文完成期间从数据搜集到模型推导、从思路探讨到程序调试等等过程帮助过我的前辈、友人们的智慧。

　　每每回望本科、博士在浙大紫金港和玉泉学习的九年，深深地觉得"求是"二字让自己的青春充盈着的是满满的富足。对学术问题的探究，是对前人贡献的由衷致敬，也是为了满足内心对未知的好奇；是系统辩证的思维训练，也是大胆创新的探索发现；是学识的进阶也是对心智的历练。这些都深深地改变着自己，让我可以学会欣赏现在包括未来的自己。

　　导师金雪军教授亦师亦友，在我读博士的五年，时时刻刻都能感受到金老师渊博的学识、严谨的治学、开阔的视野和深邃的思想带给我的启迪。毕业之后曾还问起过我们，毕业之后，还时常想起导师给我们的点拨与启发，其中一句话我还多次和我的学生提及："学生阶段的哪种积累可以成为工作上立足的基础，除了所学之识还有分析和研究能力。"非常赞同这一观点，只有具备这些知识和能力，才能不人云亦云，有自己的独立见解。有幸自己博士毕业后也能站到三尺讲台上，讲授着当年学到的经典理论，每一次的讲解都是温故而知新的过程。课堂上，看阳光透过窗户射进来洒在学生的脸上，仿佛也看到了当年的自己……

　　时光无法追溯，倘若会回到那时，我还是会坚持走过的路，也会努力让未来的我依旧能够这么想。

　　——在第一本专著付梓之时，谨以上述只字片语感谢时光、感谢成长，还有感谢父母的鼓励和支持。

陈　雪

2016 年 1 月于深圳大学

图书在版编目(CIP)数据

人民币汇率管理机制研究：风险溢价视角下的汇率
调控时机选择 / 陈雪，金雪军著. —杭州:浙江大学
出版社,2017.12
　　ISBN 978-7-308-17412-1

　　Ⅰ.①人…　Ⅱ.①陈…　②金　Ⅲ.①人民币汇率－
汇率机制－研究　Ⅳ.①F832.63

中国版本图书馆 CIP 数据核字(2017)第 228202 号

人民币汇率管理机制研究

——风险溢价视角下的汇率调控时机选择

陈　雪　金雪军　著

责任编辑	傅百荣
封面设计	高士吟
出版发行	浙江大学出版社
	（杭州市天目山路 148 号　邮政编码 310007）
	（网址:http://www.zjupress.com）
排　　版	杭州隆盛图文制作有限公司
印　　刷	杭州杭新印务有限公司
开　　本	710mm×1000mm　1/16
印　　张	10.75
字　　数	193 千
版 印 次	2017 年 12 月第 1 版　2017 年 12 月第 1 次印刷
书　　号	ISBN 978-7-308-17412-1
定　　价	45.00 元